艺术与观念

莫奈

[英] 卡拉·拉赫曼 著
谭斯萌 译

北京出版集团公司
北京美术摄影出版社

目录

对页
《日本桥》（图1局部）
1899年
布面油画
89 cm × 92 cm
国家美术馆
伦敦

* 本书插图系原书插图

引言

克劳德·莫奈是为人熟知且深受喜爱的西方艺术家之一。他作品中的图像，包括白杨树、睡莲及茂盛花园中的优雅女性等，对于从未见过其原作，甚至从未踏入过美术馆的人们来说，都可谓家喻户晓。这些图像赢得了普通公众的喜爱，此乃很多艺术家作品所无法匹敌之处。1926 年莫奈去世，此后的几十年里，他的作品也被深入研究。此研究现象自莫奈生前即已开始：最初对其作品的大量研究来自评论家西奥多·杜雷发表于 1880 年的一篇论文。始于 19 世纪的涓流不断的莫奈作品如今已演变成了书籍、文章和展览目录的洪流。

图1
《日本桥》
1899年
布面油画
89 cm × 92 cm
国家美术馆
伦敦

本书的目标读者群是那些并不熟悉众多关于莫奈的翔实出版物的读者。笔者已尝试着捕捉其相对重要的研究中的突出方面，并在莫奈的时代背景下进行综述。自 19 世纪 80 年代起，解读莫奈的方式已各有千秋，包括心理传记、制度史、民族主义之争在内的一系列解读方式均在莫奈的作品中找到了沃土。艺术家最初且最深入人心的形象，在其后半生由莫奈本人和他的许多作家朋友们所推广，即一个不谙世故的创造者，在阁楼上夜以继日地创作这些精美的图像，却不为公众所认可。到了 20 世纪 70 年代，丹尼尔·威尔顿斯坦对莫奈书信和账簿的研究改变了这种形象：研究表明莫奈是一位精明的商人，有着不俗的品位和可观的收入。浪漫主义观念中那食不果腹且遭人误解的英雄被一个更具有创业精神的角色取代，这与 20 世纪末的自由市场文化相吻合。事实上，如今我们教导年青一代的艺术家从艺术学院的第一年起便开始宣传和推销自己的作品，这也必然影响了我们对“商人莫奈”（mercantile Monet）的看法。

每位新观众都抱以不同的兴趣出发点走近莫奈的作品。鉴于当下的学术背景，笔者试着交代清楚莫奈作为 19 世纪和 20 世纪之交的法国画家，其个人欲求与外在机遇间的关系塑造其发展的方式。从 19 世纪 60 年代有意使用“现代生活”（modern-life）的场景，

到 20 世纪 10—20 年代专注于睡莲池水面，莫奈的绘画总是对观察世界和理解所见这两种当代方式做出回应。

笔者在撰写这本书时，曾花费一个下午站在伦敦的一条街道上，拦住过往路人，请他们识别 4 张明信片上的画作，它们分别出自：列奥纳多·达·芬奇、凡·高、莫奈和透纳。人们大多可以辨认出莫奈与凡·高，却对另外两张不知所措。其实，这两张画作并非小众，它们的原作就在附近的国家美术馆中公开展示。当我询问人们想拥有哪一张时，他们几乎不约而同地选择了莫奈。若是在阿

姆斯特丹、伯明翰或是东京，我可能会询问出不同的结果，但我对此也深表怀疑。从不断出现在国际展览上的艺术家作品来判断，莫奈的深得人心是一种全球现象，并且似乎跨越各个年龄段的观众。当我询问受访者为何喜欢这幅《日本桥》（图 1）时，他们的回答基本上围绕着“因为我觉得它很美”而变化。尽管莫奈的作品理当远不止于此，但也许正是其艺术的核心成就使得这样的回答竟看似简单明了，也使他那有着直观生动且显然无主题的色彩与形式的和谐之作，被普遍视为美丽而充足。

这种专注于线条、颜色和视觉和谐的看画方式，通常被称作“形式主义”（formalism）。远离对题材和叙事的关注，而将主要兴趣点转向形式，是西方艺术史上一个重要的分水岭。莫奈的作品既是这种转变的产物，也是这种转变的推动者。该转变导致了 20 世纪“抽象派”（abstract）或所谓非具象派作品的盛行。莫奈及其 19 世纪 70—80 年代印象派团体展中的同行们的画作有助于构建形式主义或所谓“审美”（aesthetic）视角，以作为欣赏图画的一种有效方法。在莫奈早期的职业生涯中，曾因他那所谓的粗略技法以及对题材的描绘不当或不足而饱受诟病。他的画被那些主要兴趣常在于画中人物的行为动机或风景的地理位置的观者视为过于平庸琐碎，过于贴近当下，也过于空泛无味。倘若诸如此类的问题在大多数现代观众看来显得相当次要，这也不仅是因为我们不再像 19 世纪 60 年代的巴黎人那样具有相同的社会敏感度，还因为关于艺术所扮演角色的看法以及我们由此赋予艺术家的期望值发生了翻天覆地的变化。

图2
橘园美术馆内部
巴黎
展示《睡莲》组画

从就图画的政治或道德内涵而言至从“纯审美”（purely aesthetic）角度的看画方式的转变否认了艺术改变外部世界的能力，却予之无限的可视范围以对个人想象力之私域产生影响。这也将艺术家的角色从商人、表演者或社会评论员转变为魔法师或圣贤——而莫奈曾在他的时代一一扮演过这些角色。从他 19 世纪 60

及70年代早期创作的当代人物画和风景画到19世纪90年代对单一题材的重复处理，莫奈的画作保持着一种开放性，这种开放性不是以理性的方式让观众参与其中，而是主要以情感和物理的方式。艺术家用一系列相对有限的主题贯穿其长达60多年的职业生涯，越发深入地探究着观看的体验——他希望以非惯例、非偏见的方式传达给观者的一种私人的体验。至19世纪80年代晚期，他成功地使他的作品及其所展现的观赏之道被人们接纳，它们不是在描绘题材，而是在唤起人们的共鸣。

这体现在莫奈19世纪90年代往后的晚期作品中，这些作品似乎旨在引起幻想和思考。他最后的巅峰之作——安置在巴黎橘园美

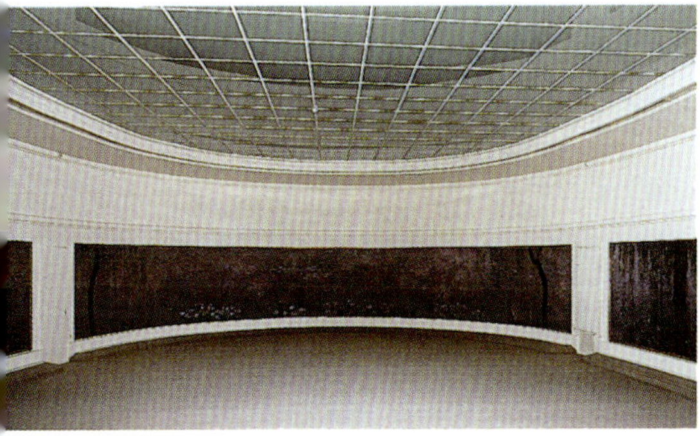

术馆（图2）两间地下室里的伟大的《睡莲》组画，把观众完全围在其中，仿佛让人沉浸在一个由画家创造与掌控的世界里，与外界隔绝。事实上，美术馆本身就是一间艺术温室。《睡莲》组画在20世纪20年代早期刚刚装置好时几乎无人问津，如今的访客却一年到头络绎不绝，这表示它迎合了当代公众的一种深层需求。艺术品成为一种包罗万象的体验，正如画家给予我们一个全新的世界，将我们自身的世界取而代之。尽管如此，莫奈的作品仍与他周边的社会环境紧密相连，即便他似乎极力公开否认这一点。事实上，尽管他基本上过着在官方体制之外的职业生活（他未曾就读国立美术学院，且大多情况下在国家资助的沙龙展上落选），他人生最后的几

十年里所全心投入的《睡莲》组画实际上是一项旨在为法国创造不朽遗产的公共绘画项目。

莫奈去世后成为“国家遗产”(national heritage)的一部分，而想要理解他为自己专门营造的一席之地，就应当去了解法国艺术界的一些情况及其与社会整体之关系的本质。在艺术家的生平的积极辅助下，追溯莫奈历年来所发扬之道，能有助于阐释其作品。这些作品已成为法国的象征及其最成功的输出品之一。莫奈职业生涯的成长与其国家的历史有直接关联，这体现在他的两个角色中，即一位白手起家的创业者，以及作为一名法国乡村画家而蜚声国际的艺术家。

莫奈活到了 86 岁，他的一生跨越了史上少有的剧变时期。1840 年在他出生时，法国几乎整体还是农业国家。自 1789 年法国大革命期间废除封建制度以来，法国大部分农业人口的生活条件变化甚微。人们乘马匹、马车或帆船旅行；邮政体系还未建立起来；房屋靠煤炭、木材取暖，靠蜡烛照明；煤气还是令人震惊的新奇事物。而到莫奈 1926 年去世时，飞机旅行成了最新潮流；富裕的家庭用电照明、实行集中供暖并接通了电话；女人穿短裙开车。国家比过去不知富裕了多少倍，教育的改进也无可估量，尽管仍被教会和政府以及社会各阶层间的斗争搞得四分五裂。莫奈经历了一场成功的政变、一场失败的政变、3 次未遂的革命、一个君主政体、一个帝国、2 个共和国、一次内战和一次世界大战——在此期间，他的国家损失了超过 100 万的男性人口。

法国艺术在公众生活中一直拥有举足轻重的地位，这在国家经受着一连串的社会政治大动荡的 19 世纪尤为如此。1789 年法国大革命和拿破仑的腾飞时期之后，1815 年法国军队在滑铁卢战败似乎宣告了法国作为欧洲征服者和拯救者的终结。这一重要地位的丧失留下了真空，在 19 世纪余下的时间里，法国在新欧洲的地位和作为世界强国的实力饱受争议。国家被政治和宗教深深地分裂开来。

直到 19 世纪的最后 10 年还在共和党和君主派间各种局面的冲突之下备受煎熬；天主教作为法国的主流信仰，在大革命期间曾被猛烈抨击。教会和政府在教育支配权这类问题上常常意见相左；天主教通过大量的知识分子与落后农民和保守分子相联系。在一个竭力取得军事荣耀、政治统一和经济繁荣的国家，艺术既扮演着重要的象征性角色，同时也发挥着实际作用，在“法国文化至高无上”这一共识观念上统一着国家。真正的法国艺术这一在 19 世纪初狭隘定义的概念，逐渐包括并随后接纳了莫奈的作品。

几个世纪以来，政府或皇室机构培养并控制着法国的艺术。他们的目标在于鼓励使国家名利双收并在海外赚得人气的绘画和雕塑作品的创造。学院派，即路易十四所创办的皇家绘画与雕塑学院及美术教育部负责通过培训与奖赏相结合，包括政府购买合适作品的方式来鼓励官方所认可的艺术。相信某些题材天生比其他题材更为重要在学院派关于艺术公共职能的观念可谓根深蒂固，即艺术应该作为一项公民或宗教的教导工具。“高雅艺术”（high art）要求清晰的叙事和崇高的题材；历史、宗教或古典文学题材被认为值得以一种理想化的方式普遍进行大规模描绘，从而创作出统一柔和的画面以及类型化的人物。而日常生活、风景及简陋静物的场景只配作为小型“陈列室”（cabinet）绘画。“陈列室”绘画，顾名思义，被认为适合于私人住宅中的小型房间；而规模较为宏大的作品可能会被政府买下收藏，并送至全国各地以装饰教堂和公共建筑。

一种鼓励艺术家去试着提供值得仿效的范例的体制促使了这类画作的产生，以雅克 - 路易·大卫（1748—1825 年）的《贺拉斯的誓言》（图 3）为典型。该画创作于 1784—1785 年，正值皇室当权派和旧制度倒台前夕。它描绘了出自古典历史中的一个激动人心的题材，展现贺拉斯三兄弟或贺瑞斯的儿子们宣誓保卫罗马，抵抗敌人。这个故事通俗易懂且道德寓意明显：一个爱国者的首要职责是为国效忠。法国大革命之后，大卫用他的艺术来美化第一共和国的英雄们，随后是皇帝拿破仑·波拿巴。1815 年拿破仑垮台后，大卫被流放到布鲁塞尔，而法国“高雅艺术”的传统在那些远远逊色于大卫的艺术家们手中得以延续贯穿 19 世纪。政府继续购买同时代的艺术作品，并且学院派每年给“宏大风格”（grand style）的画作颁发奖项。在那孜孜不倦推广高雅艺术和“历史画”（history painting）的官方群体之外，还有一个单独的私人市场，那里偏好规模较小且题材更为生活化的画作。此竞争市场的完善与公民道德的主题渐行渐远，而是倾向于表现《日本桥》（图 1）中所能观察到的个人感知。它那旋涡状的油彩表面和封闭无人的世界，使人容易在家庭环境中对它进行想象。它是一幅适用于生活起居和日常观赏

图3
雅克-路易·大卫
《贺拉斯的誓言》
1784—1785年
布面油画
330 cm × 425 cm
卢浮宫
巴黎

的画作：不同于大卫那叙事宏大和激情澎湃的场面，这幅画并没有鼓动观者之嫌。

在大卫和莫奈的时代之间，私人买家和学院派惯常偏好之间的分歧出现了：私人买家寻找“适用于生活的画作”，而学院派鼓动画家们以说教式的高雅艺术为目标。随着画家数量的增多，官方沙龙展的作品数量从 1801 年的不到 500 幅的参展作品剧增至 19 世纪 60 年代的 4000—5000 幅，商业广告取代了政府补贴部门在市场中的主导地位。官方机构努力维持着“历史画是最伟大且最有价值的艺术类型”之观念，但从 19 世纪 40 年代以后他们便开始与潮流背道而驰。政府部门只能肃清古典风格作者创作的如此众多的场

景，而肖像画家也得谋生。有些画家离开严肃的历史题材，转为描绘花哨服饰下的趣闻逸事。不少人连同肖像画也放弃了。整个 19 世纪，人们都在激烈讨论着这种变化。一些同时代的评论员——以保守派居多，认为法国艺术开始变得平庸而堕落；而另一些则认为这种新潮流显示了健康和活力。不置可否的是，重要的转变正在发生。至 19 世纪中叶，不被学院派所推崇的风景画开始成为主流。1859 年，儒勒 – 安托万・卡斯坦尼亚里（1830—1888 年）——一位左翼评论家宣称传统价值观不仅受到挑战，还发生了实质性的颠覆："风景画，曾经最不受重视，如今却在各类型的画作中占据首位；而历史画，曾经的至高题材，如今却名存实亡。"这种既定等级体系的逆转与莫奈的成名密切相关。

随着被政府补贴赞助严格操控的体制让位于更为开放的市场，画作所描绘的内容不再决定其相对重要性。正是在这一确定性消解、品位转变和市场扩张的时期，莫奈将画作卖给私人买家，并在官方艺术机构控制外的独立展览中发展，从而打下了身为一名风景画家的印记。而他在这方面并不是孤身奋战。在他职业生涯的早期和中期——在 19 世纪 60—80 年代，莫奈结交了一群被统称为"印象派"（Impressionists）的画家。他们在 1874—1886 年间举办的 8 场同一系列的独立画展中共同展出自己的作品。这些画展大力宣传了他们的作品，并帮助他们在官方市场之外建构身份。虽然印象派的群体构成时有变化，莫奈与之的关系也在来回波动，但他很乐意将自己归为印象派中的一分子，即便是在以印象派为名的群体画展结束之后也一味如此。不过，除了同路的印象派，莫奈在法国主流艺术之外的职业生涯中也有其他榜样——以被泛称为"现实主义"（Realist）运动之领军人物的爱德华・马奈（1832—1883 年）和古斯塔夫・库尔贝（1819—1877 年）最为著名，他们于 19 世纪中叶开始建构这一另类艺术世界的概念。

所有对过去的报道都具有片面性，这本书也不例外。笔者以重点强调莫奈作品集之物质性的方式来选择探讨题材——我们在此讨论的是意在出售的布面油画。比起莫奈的精神生活，笔者基本上更多是围绕他的市场策略来进行讲述，因为我们在这方面拥有更多的证据。尽管莫奈是一位多产的通信者，生前有 2600 多封信件幸存了下来，但他关于自己作品的陈述往往是为观众而精心策划的，不论是试图赢得赞赏还是为了借钱。在他职业生涯的后半段，当他作为一名具有新闻价值的国宝级人物出现时，接受过许多采访，并且他的不少朋友和同行都有记录对他的回忆。作家们常常记得住久远的事情，而他们更常报道由莫奈自己编纂的关于其生活及工作实践的版本，因此这些资料在一定程度上需要谨慎处理。

书面证据表明，莫奈在获得认可的过程中，对其作品的价值以及良好公关的重要性都有着精明的概念。主张像树木抽芽那般自然地作画，实际上是莫奈在浪漫主义之艺术理念基础上所采取的一种浮夸姿态，即作品的轻松自然被视为真诚的保证。他的这番声明以及他的画作均不该被当作是自发地流露。

莫奈的父母属于“小资产阶级”（petite bourgeoisie）成员。他的父亲，克劳德·阿道夫·莫奈曾加入勒阿弗尔港航道的商船队，不过1835年当他迎娶寡妇路易丝－贾斯汀·奥布里之时住在巴黎。夫妇俩的第一个儿子莱昂出生于1836年，第二个孩子（同时也是最后一个）出生于1840年11月14日，以奥斯卡－克劳德为教名受洗于蒙马特地区的洛雷特圣母院。如今的蒙马特吸引着众多游客，但在19世纪的大部分时间里却相当破败不堪，是一个充斥着劳动人口的边缘地区。莫奈的父母曾在那里开过一家商店，不过生意显然不太景气，1845年左右他们离开巴黎前往勒阿弗尔。在这里，莫奈的父亲有一个嫁到富商家庭的同父异母的姐姐。玛丽－让娜·列卡德比莫奈的父亲年长几岁，她的丈夫雅克愿意在他们食品及蜡烛杂货店的生意上雇用莫奈的父亲。列卡德夫人膝下无子、有艺术天赋且相对富有，遂成为她侄子早期画家生涯的重要资助来源。

图4
勒阿弗尔港口
19世纪末

19世纪40年代的蒙马特有一半仍是乡村；相比之下，勒阿弗尔则有望成为一个新兴城镇（图4）。作为与英国——世界上工业最发达的国家进行商品贸易的主要港口，这个诺曼底城镇受地理位置的刺激，开始扩大海港区域，发展商业。勒阿弗尔所处的位置便于从伦敦和巴黎间的商品交换中以及跨大西洋的贸易中获利，莫奈一列卡德一家也参与了该地区整体的经济繁荣增长。他们的杂货店生意兴隆，莫奈的父亲也分享了这份日益增长的财富；实际上，自

1858 年雅克・列卡德去世后，他便接管了杂货店的生意。因此，奥斯卡 – 莫奈在相对舒适稳定的环境中成长。他们一家居住在昂鲁维尔区的艾普勒曼尼尔街 30 号一所靠近海港和商业区的大房子里。他们必要时会招纳房客，过着拥有体面又勤恳、富足、愉快的生活。莫奈的母亲喜爱音乐，一位来自 1853 年的常客还记得每天傍晚的“即兴音乐会和舞会”。

一段国家经济增长期使这种平静的实业生活成为可能。滑铁卢战败和拿破仑垮台之后，维也纳国际会议使路易十八名下的君主制复辟。不过，他的继任者——查理十世的专制主义野心被证明相当不得人心，1830 年的七月革命使查理十世退位，取而代之的是更开明的“公民国王”（citizen king）——奥尔良的路易 – 菲利浦。莫奈早年就生活在所谓的“七月王朝”，即资产阶级王朝的相对安宁之下。路易 – 菲利浦被选上台，以给这个历经 40 年动荡后精疲力竭的国家带来和平与安宁，他的统治有利于“大资产阶级”（haute bourgeoisie）巩固资产。然而，这位国王却变得越来越独断专行，到 19 世纪 40 年代中叶，一次经济衰退让他失去了中产阶级至关重要的拥护。正是在这一时期，莫奈一家从巴黎搬到了勒阿弗尔。

1848 年路易 – 菲利浦被二月革命——一场联合巴黎的中产阶级和工人阶级的民众起义强行废黜。他逃往英格兰期间，被短暂存在的法兰西第二共和国取代，该政体以男性公民的普选权为根基。4 月的选举为温和派及保守派带来了收益，同年 12 月路易 – 拿破仑・波拿巴——拿破仑的侄子被选为共和国总统。1852 年，帝制再次于法国复辟——路易 – 拿破仑于 1851 年 12 月发动政变，以拿破仑三世为名号上任。莫奈的童年和青少年时代处于拿破仑三世统治时期。在这期间，法兰西第二帝国利用镇压手段、高压政治和经济自由主义来使法国实现现代化。铁路网逐渐遍布全国，使得货物及原材料的运输更加便捷，也使人口流动性大大增加。中产阶级，包括莫奈的家庭在内，比过去拥有更多的金钱和自由时间。旅游业开始发展，并为沿海地区——尤其是诺曼底带来一个新兴的产业。奢侈品贸易繁荣，艺术市场壮大。城市随着农民离开土地寻找工作而扩张，而农村开始由一个不断辛劳之处演变为工业化分工及城市度假活动的一部分。

因此，莫奈成长在一个动荡不安的国家，那里遭受着政治变动的冲击，同时经历着经济的飞速发展。19 世纪 50 年代在莫奈的青少年岁月中，工业化进程更为迅猛。然而，帝国当权派在鼓励全方位现代化的同时，还牢牢掌握着政治权力：出版物被审查，议会被严密操控，难以管理的首都巴黎几乎被当作皇帝的纪念碑而拆除重

图5
维克多・约瑟夫・沙韦
《拿破仑三世的百叶窗》
1857年
布面油画
212 cm × 222 cm
贡比涅城堡国家博物馆

建（图 5）。巴黎是政治权力的中心，但国家的经济优势却在东部和北部——像勒阿弗尔这样的城镇中等待发掘，并且那里也有生机勃勃的地方艺术舞台：当莫奈决定成为一名画家时，便在当地找到了赞助人。

莫奈作为一名艺术家所受的早期训练似乎局限于他在勒阿弗尔所就读学校的常规绘画课。他和哥哥被送到当地的中学——社区中学里，那里提供了古典语言和商业的传统教育。莱昂继续研究化学——他所擅长的一门严肃而稳定的职业，但奥斯卡 - 克劳德就没那么令父母骄傲了，他宣称“学校总是像座监狱”。他老年时依然

坚称他不曾认真上过一堂课，而是把时间花在了涂鸦和旷课上——“我在课本边缘的空白处画花环……用最怪诞的装饰图案覆盖我练习本的蓝纸，这包括画老师正脸和侧脸的不敬之作，并以最大的程度歪曲他们的形象。”艺术家作为一名无师自通的反抗者形象有刻意营造之嫌，而这种炫耀也具有一定的真实性，残存下来的作品表明，莫奈曾是位技艺早熟的漫画家（图 6）。不过，他也创作过常规的铅笔画，这表明他十分熟悉这一时期的不少艺术家所使用的教材之一。

1855—1857 年间的某个时间，莫奈辍学了——大概没有参加中学的毕业会考——并表达了成为一名画家的愿望。尽管他从未提

图6
《马里奥·奥恰德的漫画》
1857年
纸上铅笔画
31.8 cm × 24.6 cm
芝加哥艺术学院

图7.右页
欧仁·布丹
《特鲁维尔的海滩》
1865年
版面油画
265 cm × 405 cm
奥赛博物馆
巴黎

起，但在社区中学里有一位造诣非凡的绘画老师——弗朗索瓦 - 夏里·奥恰德（1800—1870 年）。奥恰德是伟大的新古典主义大师雅克 - 路易·大卫的学生，并且他除莫奈之外，至少还有 2 名学生成了有身份的职业画家。莫奈未来的道路似乎很明确：他应当跟从一名当地的画家接受训练，配备好推荐信、资金和代表作品集，然后到巴黎继续深造。

莫奈 17 岁时已经开始靠绘制作品赚钱了，并因他的漫画在当地小有名气。这些技巧纯熟、妙趣横生的漫画作品在当地的一位画框制作师——格拉维耶先生的橱窗里展览，这让赏识其作品的观众蜂

拥而至——毕竟，这里仍是个小城镇，来往的路人能认出码头附近格拉维耶那忙碌的商店中的大多数参展人物。莫奈则会不露声色地站在人行道上，聆听赞赏，据他后来回忆，“内心充满了自豪感”。有太多的人能够支付得起 20 法郎一张的素描，这使莫奈很快就凑够了一大笔钱——2000 法郎——这笔钱由他的列卡德姑妈负责保管。不过，莫奈在这些展览中最重要的收益，不是经济上的，而是艺术上的。

格拉维耶还展出了他的一位老朋友——风景画家欧仁·布丹（1824—1898 年）的画作（图 7）。这些小幅的海景画并未给莫奈

留下深刻印象——它们与他所了解的传统绘画大相径庭，据他后来回忆，它们与“日后风靡一时的画家们那错乱随意的颜色和异想天开的布局”相比显得力不从心。不过，布丹心胸比较豁达，他在莫奈的作品中看到了足够的天赋，并在某天他们碰巧同时出现在商店时做了自我介绍。布丹钦佩这个比他小差不多 15 岁的自负男孩的才华，并在其克服了最初的抵触后，带他开启了户外写生之旅。

莫奈最早的速写本保留下一部分，它们表明即使在遇到布丹之前，莫奈便已经对风景画产生兴趣（图 10）。他用铅笔在本子的页面上一丝不苟地画满了树、船、摇摇欲坠的小屋和其他乡村场景。

图8. 最左图
《安提贝》
1888年
布面油画
65 cm × 92 cm
考陶尔德艺术学院
画廊
伦敦

图9. 上图
弗朗索瓦・布歇
《勇敢的渔夫》
1768年
布面油画
49.5 cm × 64.5 cm
曼彻斯特市美术馆

图10. 下图
《树的研究，翁弗
勒尔》
1857年
速写本的一页
纸上钢笔画
30 cm × 23 cm
欧仁・布丹博物馆
翁弗勒尔

它们展现了画家年少时的技术能力，也表明他研习过传统方法，尽管莫奈后来并不承认——他通过从版画书籍中临摹插图，基本上既习得了绘画技能，又积累了一系列“风景如画”（pictureqe）的主题，如风中吹拂的树，其中许多主题都在他晚年的画作中得到重现（图 8）。莫奈最早的作品与“如画”的乡村风景画那被 18 世纪像弗朗索瓦·布歇（1703—1770 年，图 9）这样的画家所遵循的根深蒂固的传统明显有关。布歇对画作加以美化的地方，本质上是对田园生活的幻想；而布丹的作品则是建立在观察周围世界的基础之

图11
尼古拉斯·普桑
《夏日》或《有鲁斯和波阿斯的风景画》
1660—1664年
布面油画
118 cm × 160 cm
卢浮宫
巴黎

图12. 右页
儒勒·布雷顿
《阿图瓦麦田的祝祷》
1857年
布面油画
130.2 cm × 320 cm
美术博物馆
阿拉斯

上。他教给莫奈的东西更加与时俱进——外光派画法（plein-air）、户外工作以及形成对题材的个人反应之要领。

17 世纪的法国画家，如尼古拉斯·普桑（1594—1665 年）和克劳德·洛兰（1600—1682 年）在历史画之外发展了风景画，他们运用同样的题材，但人物与背景之间的比例却有所不同（图 11）。故事或题材赋予风景以意义和庄重感，其以风景画（本质上为放牧和农耕的景象）的形式存在，只因画中人的出现。为城里观众描绘的风景画题材，倾向于反映当时人们对乡村生活的幻想；19 世纪这

一工业化发展最迅猛的时期见证了风景画艺术的欣欣向荣——包括对传统乡村生活的描绘（图 12），这并不是巧合。布歇的田园式牧歌——封建制度下的宫廷艺术被许多不同风格的风景画遵循。到了 19 世纪 50 年代，最现代的风格是巴比松画派（简称“巴比松派”），有时也被称为“1830 画派”。该名称源自枫丹白露森林边上的一个村庄，许多画家在那里定居，包括泰奥多尔·罗素（1812—1867 年）和查理 - 弗朗索瓦·杜比尼（1817—1878 年）。

在七月王朝初期，这代年轻的艺术家便开始形成一种新型的风

景画——既具有法国特色的高辨识度，又明显具备现代风格。这种全新的艺术挑战随后替代了普桑、克劳德及其追随者们的风景画传统。那些传统风景画家到罗马周边地区选取题材，因为该地区被视为既拥有理想中的美，又与古典时期联系密切。相比之下，巴比松派的画家们描绘着同时代的本地场景：他们那规模较小的作品所描绘的典型不是肥沃的土地，而是了无人迹的树林或河流的场景；宁静忧郁的氛围取代了普桑画中的人类活动（图 13）。这便是城镇居民眼中的乡村，在他们眼里，乡村并非充满劳苦，而是一个宁静愉

悦的与世隔绝之处。这种对乡村风景的重新估价，是在工业化和日益繁荣的二重压迫之下，自然风光逐渐变化并最终萎缩的直接结果。

在七月王朝时期，巴比松派的质朴画面逐渐找到了观众。虽然他们的画在官方沙龙展一再落选，但却受到从代表新兴阶级的银行家到皇室年轻成员的不同买家的欢迎。“官方”艺术那宏大的人物

图13. 上图
查理-弗朗索瓦·杜比尼
《瓦兹河岸》
1859年
布面油画
80 cm × 182 cm
美术博物馆
波尔多

图14. 下图
古斯塔夫·库尔贝
历史画《奥尔南的葬礼》
1849—1850年
布面油画
315 cm × 668 cm
奥赛博物馆
巴黎

图15. 右页
让-弗朗索瓦·米勒
《拿锄头的男人》
1860—1862年
布面油画
80 cm × 99 cm
保罗·盖蒂博物馆
马里布

题材与这些安静而私密的乡村场景之间的分歧正在浮现，并且 1848 年的法国大革命导致了官方艺术世界偏好的进一步变革。更多的风景画在官方沙龙上展出，并更加着重强调农民劳作——广大农民曾于 1848 年被短暂地赋予投票权，却随着 1850 年的法律变更而再次失去这项权利。

图17
《鲁埃莱风景》
1858年
布面油画
46 cm × 65 cm
丸沼艺术公园
日本

两位画家——让 - 弗朗索瓦·米勒（1814—1875 年）和古斯塔夫·库尔贝被视为一股新潮流的领军人物，该潮流被称为现实主义。前者实际上是一位巴比松派画家，后者则是一位野心勃勃的年轻肖像画家，但他们通过 2 幅描绘农民生活的图像而为公众所熟识——这 2 幅图像在之后的几十年里成为法国艺术的圣像。库尔贝

的《奥尔南的葬礼》（图 14）和米勒的《拿锄头的男人》（图 15）被视为乡村现实生活的真实展现。风景画中的“现实主义”摒弃了古典田园诗和浪漫主义的孤芳自赏，而普遍采用对人物全新的处理方式——米勒那满是污垢且四肢笨拙的农民取代了普桑《夏日》中身穿优雅长袍的人物——或以工厂的塔楼或过往的火车等形式展现

史题材画家。天赋固然必不可少，但莫奈显然已拥有它。他也具备看清体制如何运转的精明头脑，以及在当其与他日后的艺术兴趣和实际需求相左时奋力反抗的勇气。

1859 年莫奈申请了当地的奖学金以到巴黎学画（布丹曾于 1851 年获过该奖学金），克劳德·阿道夫显然愿意助儿子一臂之力。他写信支持儿子申请这笔适用于雕塑家、画家和建筑师的专款资金：

我很荣幸在这里向您声明，我的儿子奥斯卡·莫奈，今年 18 岁，曾和奥恰德先生、瓦索尔先生和布丹先生共事，希望成为勒阿弗尔市美术奖学金的候选人。他天生的爱好和品味显然集中在绘画上，这让我无法拒绝他的使命，但是由于我缺少把他送到巴黎参加重要老师的课程的必需途径，遂在此恳求您务必好心接收我儿子的候选资格。

图18
《埃普特河畔的杨树》
1891年
布面油画
92 cm × 73 cm
泰特美术馆
伦敦

然而，市政委员会对莫奈的讽刺漫画颇为熟悉，并拒绝了他，理由是他的作品不够严肃认真，不足以受此慷慨馈赠。

还没等到申请结果出来，莫奈就已经启程前往巴黎。他用卖素描攒下来的 2000 法郎来支付路费，信心满满地在这个城市展开了使命。他找到合适的住处之后，便参观了 1859 年的官方沙龙展以视察对手，他给布丹的信件中表达了思考后提出的观点。他毫不犹豫地批判那些最为著名的艺术家的作品——那年，伟大的浪漫主义画家欧仁·德拉克洛瓦（1798—1863 年）的画作令他大失所望。他从商业和艺术两个方面来评价这次展览，发现了子题材的激增，并建议布丹填补海景画市场的缺口。随身携带着介绍信，莫奈拜访了著名艺术家——戈蒂耶、康斯坦·特罗雍（1810—1865 年）、夏里·孟吉诺（1825—1900 年）和托马斯·库图尔（1815—1879 年）——以询问他们对他作品的意见。他们很欣赏他所拿来的样本，并建议他继续深造。

莫奈首次到访巴黎时，那里存在着一种由国家运转和推广的艺术培训、专业考试和奖励相结合的公认体制。路易 - 菲利浦的管理为赞助和购买当代画家的作品投入了一大笔钱，尽管在那之后政体更迭，但至 19 世纪 50 年代，国家赞助艺术家的观念仍然根深蒂固。中央集权和专制独裁下的法国政府继续把公开支持艺术作品视为正当合理和真正重要的事情。虽然莫奈没能从勒阿弗尔获得政府补助金，但也因此再没有什么可以阻止其家人帮助他成为一名画家。他们后来不再支持莫奈，可能是因为他挥金如土和轻率鲁莽的私生活，以及他拒绝遵循一条受人认可的职业道路。莫奈的父亲给这个年轻人增加了 2000 法郎的补助外加一笔零用钱，准许他在巴黎逗留并加入一个画室。

1860 年 2 月，莫奈加入了警局河岸 4 号的斯维斯画院。这是一个由斯维斯先生以松散方式运营的自由机构。这个画室的前成员包括德拉克洛瓦、让 - 巴斯蒂特 - 卡密勒・柯罗（1796—1875 年），以及最近加入的库尔贝——所有莫奈能叫上名字的著名画家。与大多数艺术院校不同，在斯维斯画院，没有正式的课程和监督，学生们自费雇用裸体模特，并彼此互相学习。他们必然是一群自信非凡（或兼而懒散）的年轻人自发组成的群体。其中一位莫奈当时可能较为熟悉的同学，是卡米耶・毕沙罗（1830—1903 年），日后成了莫奈的挚友和印象派团体的一位共同创立者。尽管这一时期莫奈的画作几乎无一幸存，但在给布丹的一封信上，莫奈讲到他们都选择专攻风景画，尽管他们所在的画室显然更为重视肖像画。

莫奈很早就靠卖画赚过钱，并染上了花钱大手大脚的习惯，这在后来的萧条年代被证明是毁灭性的。他搬到了位于城市的右岸的皮加勒大街，那里聚集着一群现实主义艺术家。他们在咖啡馆碰面，很快莫奈便开始卖掉所有能卖的东西，以支付每晚在烈士酒馆的开销。那里是一个渴望过着穆杰的“波西米亚式生活”的作家和艺术家们经常光顾的场所，实际上穆杰本人也住在那条街上。莫奈将一幅画的卖价降到 10 法郎甚至更少，并给门房画肖像以支付房租。他把列卡德夫人让他保管的杜比尼的画作也卖掉了。不出勒阿弗尔市政委所料，他似乎并没有认真学习，回忆起这段时光他表示：“我过去常常泡在烈士大街上那家声名狼藉的酒馆里，在那儿虚度了不少光阴；这对我危害至深。”

不过，这一阶段的波西米亚式放纵，却于 1861 年的春天戛然而止。在勒阿弗尔莫奈所在的教区里共有 228 位有参军资格的年轻男子，在总共选中的 73 人中，莫奈在军队抽彩中抽到了 73 这个不吉利的数字。他似乎对军队的生活相当热忱，甚至加入了训练有素的骑兵团——非洲猎兵部队，尽管他显然对驾驭马匹缺乏经验。服役期长达 7 年。奥恰德的另一位在巴黎立足成功的学生——夏尔·吕里耶（1824—1898 年）给穿着制服的莫奈画过肖像，彻底把他塑造成一个浪漫主义英雄（图 19）。或许是对德拉克洛瓦的兴趣，使莫奈无法抗拒到阿尔及利亚旅行的想法——一些前辈画家所描绘的最激动人心的场面均设定在沙漠风景中。不管怎样，莫奈的非洲冒险并没能持续多久：不到一年他便染上了伤寒。他被遣送回家，他的姑妈花高价将他从部队里解救出来。他显然画过一些军官的肖像和至少一幅沙漠风景画，但它们都已佚失——同他早年的许多作品一样，这些画很可能没有署名。他再未到访过那片地区，但他晚年时曾赞美非洲的阳光，说那是他画家生涯中的重要体验。1862 年夏天，他回到勒阿弗尔，一旦完全康复，就立刻回归到绘画中。

图19
夏尔・吕里耶
《士兵》（又名《穿军装的莫奈》）
1861年
布面油画
37 cm × 24 cm
马蒙丹博物馆
巴黎

描绘现代生活 在巴黎成名

2

莫奈在结束军旅生涯后回到法国时（图 20），前往家人所在的圣阿德雷斯的家中——那是一个别致的城郊，以“勒阿弗尔的尼斯”而著称。他迅速康复后，就立刻回到绘画中，并在身边发掘了丰富的题材。他成长的那个区域变化迅猛：该区受到巴黎和诺曼底之间铁路网建立所带来的迅速发展的影响，其海岸正在发展成为一系列度假胜地。内陆地区——翁弗勒尔附近的森林区逐渐摆脱了乡村特质，成为深受画家以及来自附近海边度假区的一日游游客所喜爱的“风景名胜”（beauty-spots）。从 19 世纪 60—90 年代，诺曼底海岸一直都是法国最时尚的度假区。它那轻松愉快的气氛和相对的凉爽吸引着那些穿戴整齐地坐在沙滩上且将晒黑的皮肤视为社会底层标志的主顾们；同时，它靠近巴黎，这对那些希望在夏日里往返于办公室的富商们而言十分便利。同样的因素吸引着艺术家们，他们中很多人在七八月间跟随客户来到特鲁维尔或多维尔。外光作画正逐渐与海岸相连，恰如 19 世纪 50 年代与巴比松村庄周边地区的关系。

图20
埃蒂安・卡尔亚特
20岁的克劳德・莫奈

莫奈在圣西米恩农场酒店这一风景如画的场所找到了志趣相投的伙伴。那里曾经是一个农场，却在 1862 年变成了一家生意兴隆的小酒店。布丹也在访客之列，而这个夏天，莫奈还结识了对之影响深远的荷兰画家约翰・巴托特・戎金（1819—1891 年）。对莫奈而言，艺术家的影响力和私交是密不可分的：正如他最初对布丹的怀疑在熟识之后转化为热忱，尽管他在 1860 年将戎金视为“对艺术毫无感觉”不予理会，但与之在诺曼底乡村绘画之旅中的日常接触，使他转而欣赏戎金风景画那清新别致、生机勃勃的特点。40年后回忆起这段时光，莫奈评价道：“戎金补充了我从布丹那里接受的教诲，从那一刻起他便是我真正的老师，我将双眼所受的最后的教育归功于他。”

布丹鼓励莫奈去观察天空，捕捉一瞬间的精确感受，而戎金更感兴趣的却是不同的光线使同一场景的外观发生变化的方式。因此，他画画时倾向于在户外打草稿，在画室中完成。与戎金的接触激励着莫奈去试验：他这一时期的绘画作品展现了一种更为结构化的方法和更近的视角，将注意力集中在题材上，如建筑、海洋或轮船，而非天空。

图21
欧仁·布丹
《在圣西米恩农场酒店》
约1862年
水彩
14 cm × 18 cm
私人收藏

布丹在一幅画中记录了农场酒店中的一顿简餐（图21）。尽管这看上去是一个相对有节制的场面，但实际上戎金是个酒鬼。莫奈的姑妈十分仰慕戎金的作品，曾邀请他到家里共进晚餐；但进展并不顺利，她惊愕地看到她那曾经前途无量的侄子陷入这个不受艺术界和社会所欢迎的团体中。布丹、戎金和圣西米恩的那伙人并非入流的成功画家，在莫奈的家人眼中并不适合作为一位年轻艺术家的楷模。那年8月，当列卡德夫人同意支付把莫奈从部队中解放出来所必要的金额时，曾明确表示他应当在巴黎遵从一位更为传统的画家的培训。他的姑妈焦虑不安地给戈蒂耶写信：“他的言行举止相比过去要好得多，但我知道他太容易受人影响，以至纵使他承诺所有，我却一想起给予他自由就浑身不自在。”在努力使莫奈回到正轨时，列卡德夫人坚持让莫奈听从奥古斯特·图慕许（1829—1890年）的建议——这是一位刚刚同莫奈－列卡德家族联姻的有身份的画家。图慕许对莫奈表示支持却坚称：莫奈很有天赋，但他的天赋需要在一个传统画室中得以成形。他推荐夏尔·格莱耶（1808—1874年）——在图慕许画室所在大楼里教学的一位已退休的神话场景画家。格莱耶的美德不只在于他的平易近人：他不仅将图慕许引上了成功之路，并且所收取的学费是全巴黎最低廉的。由于莫奈从此以后将依赖于家人，加上他们已花3000法郎把他从军队中解救出来，因此低廉的学费很可能是一项重要的考虑因素。

1862年秋季，当莫奈加入格莱耶在乡间圣母大街的画室时，已决定成为一名风景画家——在户外直接面对主题作画，而忽略那统领着官方艺术界的传统。裸体和古迹丝毫不能引起他的兴趣，未来2年在格莱耶画室中所受的名义上的培训几乎没有改变他的看法。不过，纵使莫奈在学院教育中可能收获甚微，他花在画室的时间却没有白白浪费。由于格莱耶的画室像斯维斯画室一样开放式经营并给予学生们充分的自由空间，因此它吸引了一批不大遵循传统惯例的学生。与他们为伍颇为激动人心，正是在这儿，莫奈遇到了那些在未来的印象派团体中与他职业生涯密切相连的艺术家。除了同在斯维斯画室学习的毕沙罗，莫奈如今遇到了皮埃尔－奥古斯特·雷诺阿（1841—1919年）、阿尔弗雷德·西斯莱（1839—1899年）和弗雷德里克·巴齐耶（1841—1870年）——巴齐耶后来成了他最亲密的朋友。加上在别的画室接受培训的埃德加·德加（1834—1917年），他们将共同组成19世纪70年代成形的那场新兴运动的核心。

不过在19世纪60年代初，他们还是新手，过着学生的生活，并希望通过一般的渠道获得认可。莫奈很可能是这个群体中最自信的一位；雷诺阿对此有段著名的描述：这种印象源自他的花边袖口和“光鲜亮丽的外表”。他在画室以“纨绔子弟”著称，不过，却是一位没钱的纨绔子弟。巴齐耶自他们同格莱耶学画期间至 19 世纪 60 年代的后半段源源不断地为莫奈提供着至关重要的经济支持，并且莫奈和雷诺阿都经常使用他的画室。巴齐耶的《拉孔达米纳大街上的画室》（图 22）是一幅非正式的群体肖像画，画于 1870 年——在格莱耶的画室倒闭几年之后。在画面最左边，雷诺阿正坐在一

张桌子上同印象派、现实主义及艺术当代性的热心支持者——爱弥尔·左拉交谈。画面右侧，音乐家埃德蒙·迈特尔在演奏钢琴，而窗前的瘦高个儿巴齐耶正站在他的画架旁，等待马奈（戴帽子的那位）和莫奈的评价。

莫奈在格莱耶画室的出席率可能不太规律，但他显然是一个勤奋的人。当画室于 1864 年夏天永久性关闭之后，他继续独自工作，花了几个月的时间在诺曼底海岸及周边画风景画。较为富有的

巴齐耶在他的信中频繁地提到，他的朋友树立了一个鼓舞人心的榜样——其毅力和勤奋使天性懒散的巴齐耶自愧不如。当莫奈于 1864 年冬天回到巴黎时，他们共用一间画室，莫奈准备了 2 个题材，作为首次向沙龙展呈交的作品。

布丹在他的市政府奖学金到期后，决定回到勒阿弗尔，但莫奈的野心要大得多。莫奈早年已在家乡功成名就，到 20 多岁时，他决定征服巴黎。实际上，在 1865 年仍然只有一个地方能让年轻的画家出名，那就是国家赞助的官方沙龙展。沙龙展同政府路线的关系常常暧昧不清，并且随着时间而变化显著。美术学院的权力在 1852 年政变后被路易 - 拿破仑所强化。在位的头 10 年里，他是一位专制

图22. 左页
弗雷德里克・巴齐耶
《拉孔达米纳大街上的画室》
1870年
布面油画
204 cm × 273 cm
奥赛博物馆
巴黎

图23
《1863年沙龙展之大厅广场》
版画
《世界画报》

的君主，对从报纸到画展的文化生活各个方面实行严格控制。天主教会于 1852 年同路易 - 拿破仑结盟，结果宗教艺术大行其道；风景画在国家的购置目标中毫不显眼。不过，在第二帝国的中后期，当莫奈尝试着让自己的作品在沙龙展出时，政府和学院派的联系并非那般密切。每年的规则都有所更改，它们大多取决于评委会的构成，而评委会通常由保守派画家所统领。法兰西第二帝国在 19 世纪 60 年代放宽了限制，随着其政治上更加多元化，艺术上也变得更具包容性。风俗画、风景画以及风格具有挑战性的作品开始在市场上找到立足之地。

尽管如此，直到 19 世纪 70 年代末，市场的重心仍集中在官方

沙龙展上——通常被称为是法国规模最大也最有名望的商店橱窗。在 19 世纪 60 年代，参观沙龙展的观众数量蔚为壮观——一次展览就拥有多达 40 万的参观者（图 23）——并且一篇好的沙龙评论所产生的公众效应能使一名默默无闻的画家在一年之内功成名就。另一方面，没有公众曝光率，则很难找到买家。

皇室夫妇本身并没有强大的鉴赏力：欧仁妮皇后喜欢乏味的装饰作品，皇帝则喜欢赞美自己或其叔叔的肖像画，但就风格走势而言，他们则持以公正的态度——或许是漠不关心。1863 年，被沙龙展评委会拒绝的作品如此之多，以至艺术家们向拿破仑三世请愿允许他们另办一场“落选者沙龙”（Salon des Refusés）。在看过落选画作之后，皇帝评论道，他看不出这些画和沙龙展上的入选作品有何区别，于是落选者沙龙如期而至，这体现了统治者与学院派和美术教育部的官员，以及反对官方沙龙评委会的个人间的复杂关系。

图24. 左页
爱德华・马奈
《草地上的午餐》
1863年
布面油画
208 cm × 264.5 cm
奥赛博物馆
巴黎

图25
爱德华・马奈

1863 年的双沙龙展是一段迷人的历史插曲。尽管落选者沙龙展中的大多数画作显然和官方沙龙展中的一样守旧平庸，但如今这次展览却主要以一幅独具特色的画作而著称——爱德华・马奈的《草地上的午餐》（原名为《浴》，图 24）。马奈（图 25）在年青一代画家中颇具影响力，而这幅画作对莫奈来说尤为重要。马奈在画中以不同寻常的方式将对早期绘画大师的参照同一种全新的绘画风格结合起来。画中人物的姿势取自意大利文艺复兴时期最受人钦佩的艺术家——拉斐尔（1483—1520 年）的一幅版画。然而，画中将一个裸体女性形象——一个在学院派绘画中被广为接受的题材——同穿着现代服装的男子并置，这使观众感到大为震惊。强烈的对比和构图整体的平面化意在使观者意识到由画家摆布的心理错觉。这幅颇为复杂的作品，通常被视为第一幅现代主义画作；在当时用到最多的词是“现实主义者”（Realist）。对 1863 年的观众而言，马奈的作品被普遍认为是无礼且无能的。而对渴望打破艺术界安稳的那些平庸的年轻艺术家来说，这幅画却成为一道护身符。

抛开缺点不谈，沙龙展提供了空前的公众效应。自 1865 年往后，莫奈定期向官方沙龙提交作品，试图在引起注意的愿望和销售作品的需要之间权衡利弊。从一开始，他便面临着沙龙展的双重身份所导致的现实问题之一，即沙龙展既是受国家赞助的展览，又是市场交易的场所。大胆、昂贵的大幅野心之作最能引起评论界的兴趣，而小幅、平稳的题材比较容易卖出手。莫奈是一位谨慎的策略家：他早于 1859 年第一次参观沙龙展时便已建议过布丹来填补海景画市场的空缺，而他自己于 1865 年提交的参展作品实际上也是海景画，其描绘着标准的沙滩和海港场景，显然是用相对传统的方

图26
《退潮时的拉阿芙岬角》
1864—1865年
布面油画
90.2 cm × 150.5 cm
金贝尔艺术博物馆
沃斯堡

图27. 右页
爱德华・马奈
《奥林匹亚》
1863年
布面油画
130.5 cm × 190 cm
奥赛博物馆
巴黎

法进行处理的。《翁弗勒尔的塞纳河口》和《退潮时的拉阿芙岬角》（图 26）对于一个年轻的无名画家来说，反响相当不错。由于那一年参展作品是按字母顺序排列的，莫奈的这两幅作品分别挂在了沙龙展上最臭名昭著的作品两边，即马奈下一个真正的有伤风化之作——再次颠覆了古典主义裸体传统的《奥林匹亚》（图 27）。这个偶然的位置，以及两位画家名字的相似性所引起的混淆，有助于让莫奈引起关注。与邻作相比之下，莫奈的作品看起来轻松随和。这两位画家也彼此熟悉起来，到了 19 世纪 60 年代末，他们便一起并肩工作；实际上，莫奈第 2 年退出沙龙展就是为了在作品题材和冲

击力两方面更接近马奈。

不过，即使在 1865 年，莫奈的作品也有能在沙龙展上的海景画中脱颖而出的东西。保守派批评家保罗・曼特兹评论道：“现在我们有志于密切关注这位真诚的海景画家的命运。”《退潮时的拉阿芙岬角》以 300 法郎的价格卖给了版画出版商和经销商——阿尔弗雷德・卡达尔。这是莫奈第一次在巴黎卖掉一幅正经的作品，并且让

好伙伴也沾了光：卡达尔也购买了布丹、戎金和马奈的作品。

尽管莫奈对诺曼底海滨的关注持续一生，但他很快变得对直观的视角不甚满意，而转向更有争议的题材。奠定了竞争力之后，他便离开了风景画，转而开始将注意力集中在肖像画上。该策略的转变可能是由于库尔贝和马奈的作品所引起的兴奋感。同这两位年长的画家一样，莫奈对人物的处理方式和传统惯例背道而驰。当 1865

年沙龙展开幕时，他便开始计划下一年那幅将会让即便是被热烈讨论的马奈和库尔贝之作也黯然失色的入选作品——一幅与《草地上的午餐》同名的巨型画作，规模和《奥尔南的葬礼》（图 14）差不多大，却几乎完全是在户外摆好姿势并绘制的。他同时呈现了 2 位现实主义运动领军人物的特点。

这幅宏大作品的题材描绘了巴黎附近的枫丹白露森林中一群中产阶级野餐者，看起来无懈可击，且与马奈那神秘的场景大为不同。莫奈作画的这个区域对城里的一日游游客和艺术家们来说越来越便利可达，并且他画中的人物应该已做好了被视为当代追求享乐者的准备。他在背景或题材的选择上没有不折不扣的原创，两者均在 18 世纪及当代有过先例，如奥古斯特－巴特雷米·格莱兹（1807—1893 年）的《野餐》（图 29）。尽管如此，莫奈的作品仍然有着惊人的野心。在他的沙龙展大获成功后，便决定着手解决一些罕见的难题——在自然光下依真人大小来表现人物。原始的画布比例巨大（超过 4.6 m×6 m），其 2 个部分（图 30、图 31）以及一幅稍大一些的上色草图（图 28）得以幸存。莫奈在 1884 年取回这幅画后，将它裁成了碎块，该画在地下室中放了好些年，已开始腐烂。不仅是这幅画的尺寸令人吃惊，其处理日常题材的方式也是如此。

画中的几位女性人物形象主要以一位年轻女性——卡米尔·汤希尔为依据，她后来成为莫奈的第一任妻子。关于她我们所知甚少，不过她和莫奈出自同样的资产阶级家庭。巴齐耶为大多数男性人物担当模特，莫奈那一连串的恳求信件驱使他从巴黎赶来。不幸的是，在巴齐耶到达夏利之后没多久，莫奈便因腿部受伤而卧床不起。他无法移动，遂成为《简易式救护车》（图 32）中的模特。巴齐耶在学习绘画的同时还学过几年的医学，悬在莫奈腿上的巧妙装置是一种通过持续滴水来降温的独创性装置。画莫奈很可能是唯一让他保持不动的方法；在这样不情愿的角色转换中，他看起来显然不大高兴。

《草地上的午餐》的巨大尺寸使之相当难以在户外绘制，对幸存下来的绘画研究显示，该画作远远不是一个偶然的外光派速写。莫奈极力想展现瞬时性的样子，即一张曝光长达 8 个月之久的快照。风景画家对大自然精确真实的理念，已转化为一种几乎抹去风景与栖居其中的人物间差别的肖像画方式。尽管这些衣冠楚楚的野餐者显然不是巴比松派艺术家们所描绘的那类当地居民，但莫奈以某种面无表情的冷漠对之进行处理，这让人联想到米勒的农民研究。当《拿锄头的男人》（图 15）被视为他身边荒凉景色的一部分时，莫奈那优雅的追求享乐者显然没有置身于他们的原生环境中，但我们却没有确凿的理由或事例去把他们同森林联系起来。非正中的构图强调了人物之间缺乏故事或心理上的联系，这与格莱兹的野餐形成对照——画中围着敬酒致辞者的这群人物给画面带来了生气。

图28. 48-49页
《草地上的午餐》草稿
1865年
布面油画
130 cm × 181 cm
普希金美术博物馆
莫斯科

尽管马奈的《草地上的午餐》依然是幅难以理解的作品——穿衣人物与裸体人物不和谐的组合以及其僵硬的姿势暗示了表层之外的含义，莫奈的作品却在现代观众看来有种更为直观的美。不过，它并非意在用于装饰或使人平静，而是表明了莫奈在 1866 年沙龙展开始前不久放弃该画之方案的复杂性。为了能有新的东西可以展示，他迅速创作了《卡米尔》（又名《绿衣女人》，图 33）。值得注意的是，尽管模特是写真绘画，她却是在室内摆出造型，且余下的背景幽暗而空旷。他的另一幅呈交作品——《通往夏利的小路》取自 1864 年枫丹白露森林的场景——实际上是正在消失的风景。将两者融合——将人物依照原尺寸置于户外背景中的挑战又推迟了一年。

随着 1865 年的沙龙展观众再次将莫奈与马奈弄混，这两位艺术家都吸引了不少关注。当时的周报——《月亮报》出版了讽刺作家吉尔的一幅漫画（图 34），该漫画取笑了多幅画作，其中包括《卡米尔》。其文字说明写道：“莫奈还是马奈？莫奈！但我们把这个莫奈归功于马奈。干得漂亮，马奈！谢谢你，马奈！”莫奈对这样的比较只可能感到满心欢喜和受宠若惊。马奈可能还给予了他更

图29. 左图
奥古斯特-巴特雷米・格莱兹
《野餐》
1850年
布面油画
145 cm × 114 cm
法布尔博物馆
蒙特利埃

图30. 左页右图
《草地上的午餐》（左边部分）
1865年
布面油画
418 cm × 150 cm
奥赛博物馆
巴黎

图31
《草地上的午餐》（中间部分）
1865年
布面油画
248 cm × 217 cm
奥赛博物馆
巴黎

有意义的称赞。1863 年，马奈将这幅如今以《草地上的午餐》而著称的画作以《洗浴》为名展出。1867 年，它又以与莫奈画作同样的名字出现，很可能是马奈在看到这位年轻画家的作品后而选择重新命名。《卡米尔》和《通往夏利的小路》均广受好评。几乎没人知道那幅夭折的《草地上的午餐》，且评论家们开始将莫奈视为一名前途无量的年轻沙龙画家。他 1867 年主要的呈交作品将永远改变那一切。

莫奈于 1866 年夏天沙龙展开幕之后开始创作《花园中的女人》（图 36）。它是莫奈的第 2 幅规模巨大、野心勃勃的当代生活场景，

图32
弗雷德里克·巴齐耶
《简易式救护车》
1865年
布面油画
47 cm × 65 cm
奥赛博物馆
巴黎

而这次他决定创造一幅适于参展的完整之作。他已重新评估该方案的规模：人物数量从《草地上的午餐》中的 12 人降至可控的 4 人，且画面的大小也有缩减。不过，在关键的一方面，这幅画比其失败的前身之作更为大胆：它将全部在室外的自然光下完成。

尽管如此，这幅画的高度超过 2.5 m，比呈交到沙龙展的作品的平均尺寸要大得多。莫奈和卡米尔住在巴黎的腹地——塞夫勒的一所小房子里，且据艺术家后来声称，他为了够到画作所有的部分，曾在花园里挖了一条沟。同其他许多强调艺术家体力消耗的报道一样，这件经常重复的逸事为绘画行为本身赋予了一种英雄主义的男

子汉气概，是辛苦劳动和努力成果的保证。就这幅画作来说，几乎没必要去强调它不是一幅传统画室作品的事实。夏末之日里炫目的阳光使人物扁平化，将细节抹去，并使得明亮的绿草树叶反衬之下的 4 个女人有一种块状的、近乎粗糙的感觉（图 35）。该画作本身便是惊世骇俗，而外光派画法被用于这般尺寸的人物场景画也是前所未有的。画风本身也令人吃惊，而它宏大尺寸和低调主题间的差异是对学院派关于作品题材之等级观念的有力反驳。

《花园中的女人》不只是缺少一个说教主题，而是几乎毫无主题。描绘中产阶级生活的场景很受沙龙展公众的欢迎——即使并不受学院派的欢迎，但它们规模通常要小得多，并且总是具备一些八卦逸事的元素。实际上“花园中的女人”已考虑到 1859 年阿纳托尔·德·蒙泰格隆——一位希望通过“我们时代的主题”改变陈腐的沙龙展票价的评论家所公布的一系列潜在的现代主题。然而，即使是平淡无奇的主题，莫奈的画作也表现得出奇地令人不安。画中的女人们离得很近，但她们之间却没有交流的意识；每个人看起来都很僵硬，封闭在华丽的长袍中。该画常被拿来同宫廷画家弗朗茨·温德尔哈尔特（1805—1893 年）的《皇后欧仁妮与女伴们》（图 37）相比较——画中的女人被排布得像是和谐而交融的色调中一束秀色可餐的鲜花，身穿白色绸缎的皇后占据画面主要位置。光线明亮而均匀，且脸部的细节清晰可见；尽管没有动作，构图范围却给予这幅画一种协调之感。在《花园中的女人》里，一棵树占据了中心位置，大部分前景置身在阴影之中。人物之一背对着观众，而其他 3 人尽管聚在一起，却并无迹象表明她们知道彼此的存在。她们看上去几乎像是被剪下来之后粘贴到画布上面的。

人物的扁平化和服装的繁复细节都和当时杂志上的时尚插画颇为相似，尽管并无证据表明莫奈选用了特定的形象作为他绘画的依据。人物姿势的多样化——正脸、站姿、坐姿、侧面及背面视角——是时尚插画的典型，花园的背景和女人手中的花束亦是如此

Claude Monet
1866

图33.左页
《卡米尔》（又名《绿衣女人》）
1866年
布面油画
231 cm × 151 cm
美术馆
不莱梅

图34
吉尔
《卡米尔》漫画（中间一行）
《月亮报》
1866年5月13日

（图 38）。在第二帝国期间，受宫廷生活的奢侈和新贵效仿意愿的推动，高级时装成了巴黎的一项支柱产业。在这流动的财阀统治已取代出身决定论的旧等级制度的社会中，时尚作为财富的标志，赢得了崭新的重要地位。诗人和批评家夏尔·波德莱尔（1821—1867年）在他著名的文章《现代生活画家》（1863 年）中呼吁当代的艺术家们认真研究时装，他甚至表示时装插画能够取代古代的雕塑，成为人物造型的来源。讽刺漫画家博塔尔的一幅漫画（图 39）展示

图35
《花园中的女人》（图36局部）

图36
《花园中的女人》
1866年
布面油画
256 cm × 208 cm
奥赛博物馆
巴黎

图37.右页上图
弗朗茨·温德尔哈尔特
《皇后欧仁妮与女伴们》
1855年
布面油画
300 cm × 420 cm
贡比涅城堡国家博物馆

图38.右页左下
《时装画报》中的时尚插画
1865年

图39.右页右下
博塔尔
配图文字说明："当我告诉你这是件沃斯制作的裙子时，是因为我认出了这种款式。"
漫画出自《我们时代的喜剧》

tous, un de ces documents précieux dont le passé s'est montré trop avare.

Cette comédie de notre temps avait besoin d'être complétée. Dans la seconde série, publiée aujourd'hui, l'auteur entre plus avant et plus particulièrement dans le jeu des différents acteurs et actrices qui occupent actuellement la scène

了把此番建议过分当真的危险性。

流行插画、漫画、海报以及随着日本对西方贸易的开放而开始流通的五颜六色的日本版画，都吸引着新一代的艺术家们尝试打破学院派的全部技能，而对莫奈来说，在构思画作时转而参考时尚插图所提供的有钱人的迷人形象，本来就是很自然的事。他画中每一位人物似乎都是由卡米尔穿着可能是租来的裙装摆出造型——当然。它们本来就是漂亮的外出服装，没有粗俗过时，这显而易见。尽管如此，莫奈把他的未婚伴侣描绘成在风景如画的郊外花园中身穿富裕中产阶级女性的外衣的样子，这对当时的沙龙展观众来说本来就难以理解。技巧和构图都显得支离破碎，这表明创作该作品的艺术家不是能力有限，就是反叛过激。当《花园中的女人》这幅花了半年时间完成的作品在沙龙展上落选时，巴齐耶拯救了身无分文的艺术家，他花 2500 法郎买下了这幅画，按每月 50 法郎分期付款。付款方式的不规则成为两人之间巨大冲突的来源之一，并导致他们的关系恶化。

1867 年沙龙展评委会异常的保守，将莫奈所呈交的 2 幅作品——《花园中的女人》和一幅更为传统的海景画都拒之门外。雷诺阿、西斯莱和巴齐耶的作品也纷纷落选。评委会的 2 位成员——柯罗和杜比尼在抗议中辞职。对其限制性选择的愤怒在更为传统的艺术家中扩散开来——2/3 的参展作品落选，并且因其中一位曾入选多年的闷闷不乐的画家在作品落选后自杀而闹得满城风雨。尽管年轻的艺术家们考虑举办一场他们自己的独立画展，但该计划却因资金短缺而宣告失败，且直到 1874 年他们才作为一个团体参展。1867 年秋天，评委会体制改革，但尽管请愿书不断，举办“落选者沙龙”的试验仅此一次。帝国当权者于那年夏天现身，因为巴黎正在举办第二次大型的世界博览会。反对意见，以及任何可能吸引反对意见的事物均被禁止。

1867 年的世界博览会是法国继续争夺欧洲霸权的一部分。1851

年的世界艺术和工业博览会在伦敦的海德公园举行，并大获成功，凸显了不列颠作为世界主要工业大国的地位。法国的访问者对这场盎格鲁一撒克逊自信心的展示感到敬畏和恼火，而 1855 年，类似的活动在巴黎举行。法国把美术也纳入其中，并认为这是他们胜诉的关键；在伦敦，绘画只被当作是涂料制造商技艺的典范。1862 年伦敦再次举办世博会，而到 1867 年又轮到了法国。

两国间政治上的紧张局面在第二帝国期间持续白热化；不论是英国人还是法国人都不曾忘记第一位拿破仑欧洲一体化的野心。尽管实际上大型博览会的宗旨是“国际和平”，它们却可被视为交战国之间一场非武装形式的竞争。对法国来说，尽管在前 10 年处于发展阶段，但显然在制造业前线方面领先，高卢人的优越性仍然在品味和设计方面得到维持，因此 1867 年博览会的美术部分可谓事关国家地位的重大问题（图 40）。博览会与那年的沙龙展同时举行，政府不遗余力地要确保两者能够提升法兰西帝国的形象。

被官方展览排斥几乎等于销声匿迹。马奈和库尔贝，这两位最著名的沙龙展弃儿，拒绝销声匿迹。他们在阿尔玛大道和蒙田大道的交叉路口处搭建了彼此相邻的临时展馆。他们的展馆离沙龙展基地很近，且为抓住过往路人的买卖机会而选取了优越的地理位置，因而都受到了评论界的关注，尽管销量并不是很好。不过，作为相对有身份的艺术家，他们有条件满足于仅被大众群体中的小众和声名狼藉者所欣赏。马奈在展览的序言中写道：“展出我们的作品是为在斗争中找到盟友。”这也是所有作品落选的年轻艺术家奋斗的目标。

尽管博览会被热烈讨论，但对于数百万涌入巴黎的游客来说，这个改头换面的城市本身才是最大的吸引力（图 41）。新皇帝最初的计划之一便是在实质上重建首都：他私自将他希望看到变化的地方画在了一张地图上，并任命奥斯曼男爵负责执行。整个地区都被拆除，城市的中世纪心脏被毁（图 42）。取而代之的是一个现代的巴黎，有着宽阔的大马路（图 43）、整齐划一的高楼建筑、壮丽宏伟的公共花园和纪念碑、河边的人行道以及造型优美的桥梁；运河、公路和铁路网引发了通信革命。老巴黎曾经肮脏、拥挤、鼠患成灾、贫穷落后；新巴黎则灯火通明、道路规整、备受关照且富裕繁荣。在市中心，西岱岛、圣安托万市郊和圣丹尼斯市郊的老工匠区的拆除引发了大规模的强制搬迁。大型公寓式街区代替了旧式房屋，但即便是以前住在该地区的最成功的工人也支付不起；他们和家人被迫搬走，通常搬到城墙外的较便宜的郊区，如在首都外缘迅速发展起来的贝勒维尔。巴黎成了一座更加富有的城市以及整个欧洲城市发展的楷模。

图40
《世界博览会》
1867年
版画

图41.右页
《外国人在巴黎》
《巴黎画报》
1863年

莫奈和雷诺阿都开始描绘巴黎的精致，这很可能是对被 1867 年博览会的游客们所激起的潜在赚钱热潮之兴趣的回应。在这一点上，他们并不是孤军作战：游客们提供了纪念品这一稳定的市场，绘画和摄影兼有。莫奈于 19 世纪 60 年代搬到巴黎时，对当时的艺术家们很感兴趣；他似乎没有给城市的古老纪念碑画过速写，且当他访问卢浮宫时要在它的阳台上描绘当代巴黎，这是对早期绘画大师的一种象征性的排斥以及对现代世界的支持。他后来因在印象派画家中公然蔑视过去的艺术而声名远扬；这种态度若出现在今天的一名学生身上将被视为卓越非凡，而在那个培训深深根植于传统的时期则可谓是非同寻常，那时的人们通过临摹早期绘画大师的作品

PARIS ILLUSTRÉ
Bertall

而延续传统。不过，莫奈对当代的独特兴趣可被视为法兰西第二帝国的巴黎人之典型。他描绘城市的画作同19世纪50—70年代发生的社会及自然变化密切相关。

这些变化使一些人感到恐慌，如被流放的作家维克多·雨果（1802—1885年），他的小说《悲惨世界》（1862年）控诉了帝国政府蓄意破坏公共财产等社会暴行。不过，和众多城市中的资产阶级人群一样，莫奈可能将这些发展视为激动人心，并将变化与进步联系起来。新巴黎是一座壮观的城市，充满了宏大的开放空间和闪耀的石灰岩建筑。光线、空气和现代性对新一代画家的艺术而言

图42
1867年清理歌剧院前方的区域

图43.右页
奥斯曼大道
巴黎
1877年
版画

至关重要，且莫奈对题材的选择明确表示了他对现代都市特色的兴趣。不同于众多以刻画巴黎老街区场景为生的当代艺术家（图44），莫奈选择既描绘最新的开发区，也不落下几百年前的神圣纪念碑。《公主花园》（图45）展示了已成为伟大的国家艺术博物馆的旧皇宫——卢浮宫周围的核心区域。其高视点将画作超过一半的部分留给空白空间——顶部多云的天空，这让人想起莫奈同布丹在海岸上所绘制的那些作品；而前景上新建的公共花园那片柔软草地，通过过往的行人得以完成。在这幅画作中，老城区那狭窄的小巷以及富人区与穷人区之间的明确分界线被公共空间取代——那里每个人看

上去都像是中产阶级。即便这些极小的人物之间有所差别，我们也因距离太远而无从观察；这并非是一个充斥着离奇古怪型人物的巴黎，这个巴黎布满了身穿黑色套装的匿名矮人，并零星散布着一些无从分类的女士的粉色半裙。

批评家罗伯特·赫尔伯特曾十分中肯地分析过这幅画作，展示了其题材和风格之间的联系。莫奈拒绝风景如画的传统，并且他那非正统的构图及其留白空间和角度的复杂样式，既属于几何构图，又显得颇为随意。它的非常规性同时也是它所描绘的问题。前景中所有事物都是新式的；河畔区域刚刚被清理过。在翡翠绿色的河流的另一边，向河的左岸望去，我们看到的是稍显拥挤的都市风

图44
阿德里安·都扎特
《法院和监狱》
约1858年
布面油画
54.5 cm × 73 cm
卡纳瓦莱博物馆
巴黎

图45.右页
《公主花园》
1867年
布面油画
91.8 cm × 61.9 cm
欧柏林学院
俄亥俄州

景——被万神殿的圆顶固定和平衡。这个国家纪念碑，一个属于伟大法国人那过去年代的圣祠，被左侧一座古代教堂的塔楼和右侧索邦大学的小型圆顶所包围。巴黎这 3 个对比鲜明的象征物之间的距离是对称的——整个画作被精心安排的精确框架固定。与马奈同年的作品——《巴黎世界博览会风景》（图 46）相比较，显示了莫奈安排自己画面时的小心翼翼，从城市的杂乱无章中彰显韵律和清晰。马奈仅仅将博览会的建筑视为一组明显随机的人物的背景；构图显得参差不齐而漫不经心，城市显得脏乱无序。

两位艺术家的关系在下一个 10 年中变得更为密切，而库尔贝也与莫奈私交甚好，甚至熟识到给莫奈的《花园中的女人》提建议

（莫奈对此置之不理），并借给过莫奈一笔钱。库尔贝评价莫奈画作的故事常被讲起：看到年轻的艺术家因太阳下山而停止工作时，这位现实主义大师问道："你为什么不继续只画风景呢？"他理解莫奈对捕捉人物身上的室外光线的兴趣，但他不理解也不认同他对传达该场景之整体氛围的渴望，即使女人、树、灌木丛和草地融为一个单一的有机整体。

尽管马奈、库尔贝和莫奈之间有明显的继承关系，但老一辈艺术家的方法同未来的印象派正在开拓的方法截然不同。阿尔玛大街上的两位被排斥的画家作为现实主义者，都关注于可见世界的具体表现方式，没有一丝的理想化。像早期巴比松派画家一样，他们也促进了"先锋派"（avant-garde）理念的创建，即反对官方艺术界的价值观，并在一小撮艺术圈内人士中寻找支持的一种绘画类型。到了19世纪60年代，巴比松派已多多少少被公众接受，同样评论界对库尔贝和马奈的抵触也在慢慢改变。这就鼓励了莫奈那一代艺术家在作品落选之时依然坚持立场。在沙龙展中落选后，随之而来的便是评论界的逐步接受以及最终的商业成功，这样的范例对于像点评赛马一样评论莫奈作品的左拉而言已颇为熟悉；他于1866年坚称："我是如此确定莫奈会成为明日之星，以至我深信，我若有钱买下他今天所有的油画，那将是笔合算的买卖。"一个永久存在的先锋派依赖于持续不断的创新，到19世纪60年代后半叶，莫奈的作品明显表现出一种全新的基调。当现实主义者对物质实体感兴趣时，莫奈却想要描绘空气，这就是他后来所说的"外围层"（envelope）。

显然，法国艺术也在普遍向多元化发展。经济繁荣意味着，随着私人市场日益取代着国家赞助而成为艺术家们的收入来源，潜在的消费群体也在增长。新的赞助人较为偏好尺寸适中、题材平易近人的画作。沙龙展却并不适合展出小型绘画：那里拥挤地挂满备受青睐"大型机械画"（grandes machines），而这些巨型画作以政府机构要求的方式来命名，以在画廊中流动起来。1867 年，库尔贝和马奈各自的独立展馆让潜在的买家在艺术家所选的环境中观看其作品，这不仅为每一幅作品平添了魅力，还促进了艺术家个人身份的确立。随着广义上的先锋派的涌现，在国家体制外运转的方式越发吸引着艺术家、买家和评论家。从余下的呈交作品中脱颖而出的沙龙展作品常常被简单地堆积在一块儿，这使他们的相似之处比不同之处更为明显。以库尔贝、马奈和莫奈为例，他们都因对现代生活场景的运用而被称为现实主义者。

莫奈带给当代生活图像的新元素是一种由描绘户外风景、捕捉快速变化及瞬间效果而衍生出的一种独特的视觉敏感度。因为风景

图46
爱德华·马奈
《巴黎世界博览会风景》
1867年
布面油画
108 cm × 196.5 cm
国家美术馆
奥斯陆

画被当作较低等的绘画类型，所以传统没有那般压倒性的重量，这就为个性化给予了更多的空间——尽管正如漫画家奥诺雷·杜米埃（1808—1879 年）于 1865 年在画中表现的那样，一大拨模仿者迅速抵达风景画现场（图 47）。同样，到了 19 世纪 60 年代，事先画好的草图和已完成作品之间的差别正在逐渐削弱，即使是 10 年前本会被看作是未完成的画作也将在尊重其明显的自发性的买家当中寻找市场。迄今为止，被视为完成于画室的风景画之准备工作的外光派画法已受到新的重视，而保留着新鲜活力特质的画作则越发被视若珍宝。这些审美鉴赏力的改变是社会现实的写照：随着法国首都发展为贸易和工业的中心，巴黎周边的乡村在砖头和砂浆下消失，

这使乡村田园日益吸引着城市里的画廊常客。在户外创作的简易版的当地风景画被视为比法国风景画传统那宏大的古典式构图更加真实且更为贴近自然。莫奈 19 世纪 60 年代的画可被看作上一代现实主义作品的市郊版。米勒用农民取代了普桑《圣经》里的主教；莫奈则用一日游游客取代了米勒的农民。

1867 年夏天，莫奈在缺少艺术成就的同时还犯下了一桩社会罪状。他仍然在经济上依赖于家人，而卡米尔正怀着孕。像往常一样，他似乎已把消息告诉父亲，随后留下巴齐耶替他解释完整的状况。

图47
奥诺雷·杜米埃
《工作中的风景画家们》
文字说明：“第一位画家复制大自然，第二位画家复制第一位的作品。”
《喧声报》
平版印刷
1865年5月12日

纵使这样，可能因为他 7 年前曾有过私生子的先例，莫奈的父亲不愿同情他。这个任性的儿子能得到圣阿德雷斯的膳宿，前提是他把卡米尔独自留在巴黎。莫奈回到家人身边，把卡米尔托付给巴齐耶照顾。她于那年 8 月在她寄宿的单间里生下了孩子。莫奈来看他们母子，并发现他很爱自己的孩子，这显然出乎他的意料（图 48）。婴儿被取名为让–阿曼德–克劳德，并被登记为莫奈先生和夫人的合法后代。几个月后他受洗时，巴齐耶成了他的教父。

在这些动荡事件期间，莫奈继续画画。他这一阶段最著名的作品是《圣阿德雷斯的阳台》（图 50），是一幅通过其家庭住宅楼上的窗户描绘的画作。画面中的 4 位人物向亮绿色的海张望；坐在前景中的一对男女是莫奈的父亲和列卡德姑妈，而围栏处的那对年轻男女则是莫奈的表姐——让娜 - 玛格丽特・列卡德，和一位不知名的男子。同《公主花园》一样，一个显然很随意的视角被一个严格的几何框架所固定。这幅画在水平上分为 3 条——阳台、海洋和天空。在阳台的两侧，塞满了绯红色旱金莲和剑兰的花坛营造了一种强烈的萧条之感。两个旗杆上飘舞着法国国旗和勒阿弗尔市市旗，标出了画面的中心部分，使我们的注意力转向栏杆处的那组人物。在他们之上，海面挤满了商船和游艇——它们是这座城市，也是这个家庭的财富来源。这个场景同巴黎的城市景观一样现代——海口围堤刚刚建好，蒸汽轮船是最新的海洋科技。甚至连市郊也较为时新。莫奈对新鲜事物的兴趣也体现在非常规的构图上，这通常可追溯到摄影术和日本木版画的影响。它们强烈的色彩、模式化的形状和缺少西方透视的画法都吸引着莫奈，并且他形成了一批个人收藏，这些收藏品至今还挂在他在吉维尼的住宅里。藏品中的一幅葛饰北斋的版画（图 49）同《圣阿德雷斯的阳台》有着明显的相似之处。

1868 年莫奈提交到沙龙展上的 2 幅作品均是描绘勒阿弗尔的场景。1867 年秋季的体制改革包括一组民主选举产生的评委会，且 1868 年的沙龙展开明得多。杜比尼在评委之中，他于 1864 年展出过一幅全部在户外完成的风景画，并且他可能也对莫奈的至少一幅画作被接受起到了推动作用。左拉赞扬了《从勒阿弗尔港口出发的船只》的张力与活力，但漫画家博塔尔却将它画成了讽刺漫画，并评论道：“莫奈先生 4 岁半所作。”这幅画并没有找到买家，且在沙龙展结束后被债主没收。

尽管沙龙参展画作没有带来成功，莫奈却于 1868 年夏天在勒阿弗尔的一个展览上展出了 5 幅画。他赢得了银奖并找到了买家。

《卡米尔》再次展出，并最终以 800 法郎的价格卖给了巴黎的一位评论家——亚森·豪赛。戈迪贝尔先生，一位之前曾购买过莫奈作品的当地商人，委托他采用同样的方式为自己的妻子画像。不过，即便有这些小成就，莫奈的财政状况依然萧条。忍耐已久（且较为富裕）的巴齐耶，受够了莫奈的源源不断的借款、预付款以及为《花园中的女人》付款的过分要求，他指出了莫奈一直以来的入不敷出的事实。莫奈的反应是声称要在塞纳河中溺水自尽。自我戏剧化一直是莫奈性格特征的一部分，但让勒阿弗尔展览中没有卖掉的画作被债主没收或是拍卖掉，一定会是奇耻大辱（它们都被这位戈迪贝尔先生买下）。随后，莫奈便要割破其他画作，以防止它们被没收或被强制卖掉。

金钱问题持续困扰着莫奈和卡米尔。经营一个家庭是昂贵的，而莫奈又喜欢优越的生活，尽管他收入的不稳定意味着他们要经常搬到乡间小酒店和廉价旅馆的房间里。一有机会，他便认为租下一整座房子以及雇用一位女佣是合情合理的，他在杂货商、酒商、洗衣女工、客栈老板和裁缝那里记下了无穷的账单。他在没有收入的时候，过得像个有钱人；而当他成为有钱人时，却不急于偿还旧债：他的有些债主等了 20 年才把钱要回来。他的财政交易被完好地记录下来，有时似乎对莫奈来说，喝劣质葡萄酒时便是真正在挨饿。他铺张的习惯和所谓的“早期困难”已成为所有自尊心强的艺术家的传记中的必需元素，不过这并不意味着他从未陷入困境。他的确有过几段真正的财政需求期，以 1868 年和 1869 年的夏季最为糟糕。而这在他的画中体现得并不明显；有让和卡米尔出现的亲密画面看起来几乎像田园诗一般美好。

《塞纳河畔的本尼科特》（图 51）展现了卡米尔坐在河岸上，凝视着他们暂住的小酒店；她的形象倒映在平静的水面上，在阳光下波光粼粼。隔壁的房子里住着他们“困境中的朋友与支持者”——爱弥尔·左拉。一只白色的狗躺在卡米尔的腿上；x 射线对该画作

图48
《摇篮中的让·莫奈》
1867年
布面油画
116 cm × 89 cm
国家美术馆
华盛顿

图49
葛饰北斋
《从五百罗汉寺的庙堂看富士山》
江户
木版画
出自《富岳三十六景》
1829—1833年
23.9 cm × 34.3 cm
大英博物馆
伦敦

图50.右页
《圣阿德雷斯的阳台》
1867年
布面油画
98.1 cm × 129.9 cm
大都会艺术博物馆
纽约

图51
《塞纳河畔的本尼
科特》
1868年
布面油画
81.5 cm × 100.7 cm
芝加哥艺术学院

图52
《午宴》
1868年
布面油画
230 cm × 150 cm
施特德尔美术馆
法兰克福

的检测发现，画家原本想在这只狗所在的位置上画年幼的让。该作品的心境是一种超然物外却慈爱有加的凝视状态。这幅 1868—1869 年冬天画的埃特勒塔的家庭内景画中（图 52）也出现了同样的满足感。尽管人们一直很容易将画作视为艺术家内心的生活写照，但莫奈的作品却几乎没有表现出他当时所经历的困难。

他 1869 年的沙龙参展作品再度落选，那年春天一家人搬到了巴黎附近圣米歇尔村庄中更为廉价的住所（图 54）。那个夏天标志着一个崭新的起点。莫奈同雷诺阿一起并肩工作，创作了几幅他们最为大胆的画作。雷诺阿来自一个贫穷的工人阶级背景，和附近的父母住在一起。晚年 2 位艺术家都声称雷诺阿一家餐桌上的面包屑挽救了莫奈一家免于饿死。那幅奢华的《静物：鲜花和水果》（图 53）似乎表明：他们即使没有面包，也有葡萄。

无论具体细节是怎样，亲密的友谊都激发着 2 位艺术家的创作。他们共享资源，共同描绘同一静物题材，并在塞纳河畔一同支起画架。他们选择了一家时髦的浴场——蛙塘。蛙塘及其成群的寻求享乐者已经开始令画家和插画家们着迷（图 55）。它是一个吸引人的题材，包括了时髦的裙装、半裸体和现代生活。它甚至还得到了皇室的认可——拿破仑三世和欧仁妮皇后曾于 1869 年初夏的塞纳河沿途之旅到访于此。与枫丹白露和诺曼底的画作一样，莫奈试着通过用一种极为标新立异的方式来处理主题——而非刻画原始题材来使人印象深刻。尽管莫奈残存下来的 2 幅蛙塘主题作品均是草图（完成的作品已遗失，据推测是被毁掉的），但他显然正开始用一种与他《塞纳河畔的本尼科特》这样的近期作品截然不同的方式来绘画。

图53
《静物：鲜花和水果》
1869年
布面油画
100 cm × 80.7 cm
保罗·盖蒂博物馆
马里布

这两幅画作中出现了 3 种明显的技巧变化（图 56）：颜色更为鲜明强烈，笔触更为宽阔，且图样更加简化。他以一种粗略的方式将人物处理成一系列曲线和圆点；近距离观察时，他们看起来几乎像是剪贴画中的人物。一位被戏称为“卡门贝干酪”（Camembert）

的戴帽子绅士站在从咖啡馆通往中心岛的木板上。左侧能看到游泳者们在水中浮动。雷诺阿画中的人们则要细致得多：他的画面充满了小插曲，并以场景中的生机勃勃为乐，这是莫奈的作品中所没有的（图 57）。很容易看出 2 位艺术家的兴趣点分化成为不同的方向：未来的几十年里，莫奈专攻风景画，而雷诺阿则从未停止对充满快乐与欲望的人类形象做出反应。此时此刻，他们却十分接近，并且这两幅蛙塘之作在他们对现代生活场景和前卫技巧的结合下，被称为“印象派的精髓”。莫奈的画作由水面、树和船的倒影以及沿着

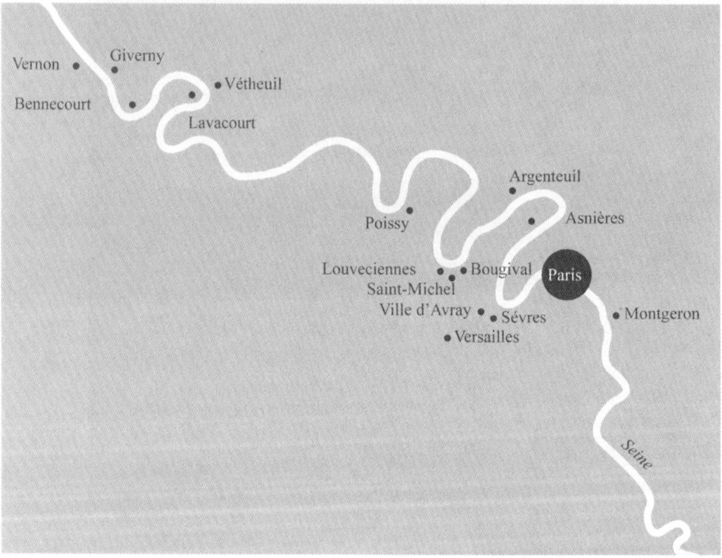

图54
塞纳河流域的地图
展示了莫奈居住和工作过的地方

图55.右页
米兰达
《蛙塘》
1869年
雕版插图

小水波顶端跳跃的光线占主导。如果我们用这条斑驳如鲭鱼鳞片般的多彩河流画同画于一年前的《塞纳河畔的本尼科特》那光滑、绵延的表面做比较，那么差别显然不在于天气或其他外在的因素，而是在于艺术家对光线投射的着迷程度的加深。他在《草地上的午餐》以及《花园中的女人》中所遇到的问题已得到解决，并且在这些画作中，艺术家或许是生平第一次形成了一种自由的技巧，能让他完整地表达他所感受到的“外围层”——空气在某一特定时刻的物理属性。水面看起来同河岸一样立体；它活灵活现，并将在未来几十

年里成为莫奈的标志。那幅遗失的完成之作以及创作较早的《午宴》均在来年 5 月的沙龙展中落选。

正当莫奈深深沉浸在工作中时，政治事件正以将要危及他生计甚至生命的方式进行演变。帝国政体处于衰弱状态：皇帝病重，权力被分散于众多派别之间。内讧、缺乏决断力且被法国军事荣耀的记忆所迷惑的政府，打算通过一场快速的小型战争来缓解国内不断加剧的紧张局面。普鲁士宰相——奥托·冯·俾斯麦威胁让一位德国王子继承空缺的西班牙王位，法国受其诱惑而采取进攻姿态，却

发现自己与全欧洲效率最高的军队——普鲁士大军的意见不合。战争始酝酿于 1870 年 6 月初，作为一名前征兵，莫奈面临被强制调动的危险。已婚男士最后才被征招，6 月 28 日他让卡米尔成了他的妻子（库尔贝是婚礼见证人，婚礼在巴黎第 8 区的市政厅里举行）。一家人再次搬迁，离开巴黎，来到海峡沿岸那个时髦的度假胜地——特鲁维尔（图 58）。这是一个花几个月时间度假的好去处，离英格兰很近，万一战争爆发，到那里也很方便。这个刚刚合法化的家庭待在帝沃利——一间坐落于海滨区的相当便宜的旅店里，并

图56
《蛙塘》
1869年
布面油画
74.6 cm × 99.7 cm
大都会博物馆
纽约

图57
皮埃尔-奥古斯特・雷
诺阿
《蛙塘》
1869年
布面油画
66 cm × 86 cm
国家美术馆
斯德哥尔摩

图58
《特鲁维尔》
1878年
版画

图59.右页
《黑岩旅馆》
1870年
布面油画
80 cm × 55 cm
奥赛博物馆
巴黎

Claude Monet
1870

且离开时并没有结账。布丹一家同他们一起待在特鲁维尔，2 个男人都描绘着海滩风光，他们的妻子则担当模特或坐在沙滩上。

莫奈在这期间创作了 9 幅画作。其中几幅同入时的沙龙展作品有着同样迷人的背景环境，但却处理得突兀。第一幅中的旅馆大楼（图 59）清晰可辨——它在特鲁维尔规模最大——但人物却刻画得和《蛙塘》中的浴者们一样粗略。他们都缺少面部，有的甚至连头部也没有。明亮的色彩，连同与浅蓝色天空形成对比的绿色照明物以及旗子随风飘动的轻快氛围，应和了布丹在 1867 年的一封信中的过激评论：

特鲁维尔的这片海滩曾令我欣喜，如今看来却像是一场毛骨悚然的化装舞会。只有天才才能把这伙无所事事、装腔作势的人画出名堂……幸运的是，造物主四处散布着他那灿烂温暖的光，而我们所复制的这个社会则远比不上这一笼罩着它的元素（光）。

图60.左页
《特鲁维尔的海滩》
1870年
布面油画
38 cm × 46 cm
国家美术馆
伦敦

图61
图60局部
展示颜料中的沙粒

与布丹那倾向于使用远视角，并在水平线上星罗棋布排列着的优雅散步者的场景不同，在莫奈的画中，“外围元素”（enveloping element）的比重开始超过人物。他的画面强迫观者与人物异常接近，且运用讽刺漫画家的技巧令装腔作势的人物摆出造型，在怪异的视角之下，显得短小而面无表情。这种单调重现于《特鲁维尔的海滩》（图 60）中的一组更为熟悉的面部特写上，该画以一种不同寻常的方式创作，其中 2 个女人勾画出一片空白的沙滩。《花园中的女人》中人物的孤独感再次出现——在这里莫奈夫人（身穿白衣）和布丹夫人（身穿黑衣）看似对彼此视而不见。这幅画面不仅没有故事，还空洞得令人不安。在画面中心的 2 个女人之间，放置着一把空椅子——可能让·莫奈早些时候曾坐在那里，因为一只童鞋挂在椅背。

如此短小且明显随机的形象有时被称为“快照”（snapshots），并归咎于摄影术的影响。的确，随着照相机技术上的进步，“瞬时”

（instantaneous）图像已成为可能，但莫奈对常规构图的有意回避是他“自然主义”的必要环节，即他决心描绘自己的体验，而非使之排布成一个熟悉的形状。强调户外作画是艺术家坚持传达个人体验的一部分，这在《特鲁维尔的沙滩》中就能大致感觉到：我们能看到沙粒和贝壳的碎片嵌入在颜料当中（图 61）。像《蛙塘》的草图一样，这幅画作显然绘制于室外，但画面上却有署名和日期，这表明画家将它视为完成之作。即使就对风景的外光画法态度而言，这些也是异常大胆的绘画；它们无视了所有凌驾于题材、构图、光线以及区别于预备草图与完成之作的传统惯例。其大胆的构图和灵活的色彩，为莫奈今后 10 年的画作树立了典范。

3

图62
《日出·印象》（图77的局部）

法国于1870年7月19日向普鲁士宣战。接下来的冲突标志了法国历史的转折点；法兰西第二帝国的垮台和法兰西第三共和国的诞生撼动了艺术及整个社会的固有秩序。军队的瓦解被正确地视为帝国政权每况愈下的症状。被普鲁士大军打败且局部被其占领使这个国家蒙羞，并对其领导人大失所望，与此同时巴黎公社失败，巴黎失去了它的优越地位。郊区生活开始发展，战后的法国被中产阶级商人控制，而非皇室精英。对旧政体之中央集权和独裁统治的反感引发了人们对政府监管的普遍抵触；一个日益滋长的“独立阶层”（independent sector）开始在战后经济中得以发展。艺术市场随之调整，印象派能够在此全新的环境下出现，甚至蓬勃发展。左拉将1870年称为“大崩溃”（La Débâcle）。它标志着莫奈的一个转折点，他成功地避免了直接参战——而巴齐耶却加入军队，并于11月战死沙场。

部队调动始于7月。8月法国的一连串战败最终以9月初拿破仑三世在色当被砍头而宣布收场。法兰西第二帝国倒台，法兰西第三共和国于9月4日宣布成立。同样是在9月，普鲁士人包围了巴黎。特鲁维尔远离战争场面，但离得还不够远，在焦虑不安地徘徊于海岸边、观望在勒阿弗尔登船的难民之后，莫奈于初秋漂洋过海来到英格兰。他在伦敦找到了落脚处，而卡米尔则留在特鲁维尔打点行装追随他。12月，一家人再次团聚于市中心皮卡迪利

广场旁租来的房子里。莫奈这一阶段为数不多的画作之一——《沉思：沙发上的莫奈夫人》（图 63）展现了在阴郁伦敦的室内，卡米尔倚在躺椅上。这是一幅极为私密的小幅作品，与上一年夏天里那些阳光照射下的户外场景截然不同，并且在风格上异常重视细节。与《特鲁维尔的海滩》（图 60）不同，这幅画可被真正意义上地看作莫奈夫人的肖像画。伦敦著名的大雾，在一年中的那个时段尤为浓厚，它会使户外长时间摆出的造型呈现最不理想的状态，或许该城市冬季空气中那传说中的朦胧迫使艺术家要近距离观察他鼻子跟前的事物——毕竟，也没有多少超过鼻尖的东西

图63.左页
《沉思：沙发上的莫奈夫人》
1871年
布面油画
48 cm × 75 cm
奥赛博物馆
巴黎

图64
《伦敦海德公园》
约1871年
布面油画
40.5 cm × 74 cm
罗德岛设计学院
普罗维登斯

是能够看清的。1918 年，莫奈在同画商雷内・金佩尔讲述自己伦敦的经历时，在对比他描绘城市的方式同当代英国艺术家所采用的方法时评论道："19 世纪的英国艺术家们怎么能够画出房子的一砖一瓦呢？他们画着自己看不见的砖瓦，他们根本不可能见过它们！"

莫奈似乎对这个城市本身没有太大的兴趣；随着春天的到来，他创作了几幅描绘公园的画作（图 64）和 3 幅河畔风景图。他晚年时期专门回到伦敦，以着手于壮观的泰晤士河景组画的创作，但在 1870 年，他既没有研究的时间，也没有探索的兴

趣。家中传来的消息令人不安：普鲁士人迅速占领了法国，且在巴黎围城期间，周边的许多城镇和村庄均被占领。敌方士兵被安排住在毕沙罗路维希安的住宅中，莫奈在那里存放了多幅油画（毕沙罗也已逃往英国）。一时间，莫奈仿佛遗失了差不多早年的所有作品。1871 年 1 月停战协议被签署，该协议给法国施加了屈辱性的条款，并造成了大量的领土损失。紧接着右翼政府那意料之中的失败，巴黎公社于 3 月 18 日—5 月 28 日统治巴黎，5 月被政府军推翻，接下来的报复行为比普鲁士人胜利的结果更为血腥，也更令民族自尊感到震惊（图 65）。对于流亡者们来说，来自巴黎的消息既不可靠，也不常见——气球和信鸽是被围困城市所仅有的通信工具。我们难以了解莫奈对法国动乱的态度，但巴黎惨遭摧毁一定使他忧虑忡忡。他在信中很少提及政治事件，尽管他写给毕沙罗的信中表达了对库尔贝因其在巴黎公社中的角色而遭枪决的（不确切的）谣言以及凡尔赛政府行为的震惊之情。

尽管伦敦不算是莫奈艺术灵感的直接来源，但结果表明，在那里度过的几个月时光对他的职业生涯极为重要。战争把大批的法国人带到了英吉利海峡对岸，流亡者关系网迅速散布开来。除了莫奈和毕沙罗，杜比尼也决定到伦敦避难。杜比尼比莫奈和毕沙罗更有社会地位，因而能够把他们引荐给画商——保罗・丢朗－吕厄（1831—1922 年）。丢朗－吕厄曾是最早出钱购买巴比松派画作的画商之一。通过画家们的人气渐长而致富的他如今准备着眼于可被视为其后继者的年轻画家们的作品。意料之中的是，莫奈的作品在伦敦的官方沙龙展——皇家艺术学院展上落选，但丢朗－吕厄于 12 月在他新邦德街的画廊里展出了其画作，且在回到法国之后，他便成为艺术家的主要经济来源。莫奈于 20 世纪 20 年代如此评价这位画商“若没有他，我们都会挨饿”，其账目则是有力的证明；未来的 10 年里，丢朗－吕厄不仅为这个家庭提供面包、黄油，还提供了上好的葡萄酒、雪茄和巴黎的奢侈品。

1871 年春天巴黎公社失败之后，流亡者们开始陆续漂回巴黎。莫奈于 5 月带着家人离开英国，但没有直接回到法国，而是选择在荷兰阿姆斯特丹附近的小镇赞丹停留数月。他停留的时长表明他乐于处理平坦开阔的乡村、运河和当地建筑这样的题材。船和水中的倒影曾是他第一组严肃题材，而伦敦和巴黎都无法恰如其分地提供这两种元素的组合。在荷兰，他为一个可靠如意的绘画竞赛而逗留于此，4 个月内创作了 24 幅作品。莫奈的父亲于 1 月去世，留给他

图65
《巴黎公社社员保卫爱丽舍宫》
雕版画
见于《伦敦新闻画报》
1871年6月3日

一笔遗产，加上卡米尔教法语的收入，使这个家庭过上了安逸舒适的生活。在给毕沙罗的一封信中，莫奈声称赞丹预备了快乐所需的一切。

莫奈多产时期所创作的作品比伦敦时期数量更多也更为大胆。作品如《赞丹的风车》（图 66）有着斑驳的水面和块化的形状，这可能不仅是运河和沿海地区那漫射的明亮光线所致，还是莫奈对东方艺术重新产生兴趣的结果。荷兰是远东贸易的中枢，莫奈在海牙买下了一组蓝白相间的花盆，他也可能在那里买到了他的几幅日本

版画。

回巴黎必然是种令人沮丧的经历。《新桥》(图 67)画于 1871 年 11 月他们刚刚回到巴黎之后。构图的稀疏简单，配上雨中光滑的人行道和人物的轻涂点缀，该画作的大胆之处可能是莫奈在荷兰研究日本版画的结果，也可能是由莫奈看到这座栖居多年的城市如此满目疮痍时的震惊之情所致。首都在物质世界和心理世界中均已破碎，市中心的大片区域成了废墟(图 68)。1867 年的《公主花园》(图 45)精确呈现了历史古迹的盛况，在某种意义上表达了公民自豪感；在《新桥》中，分散的行人快步走在桥上，在寒冷的雨中紧握雨伞，这场雨使背景中的房屋模糊不清，并为该场景平添了一种单调乏味的凄凉之感。这是莫奈那年所画的唯一一幅描绘巴黎的画作，并且选择的是一个尚未被围城所严重摧毁的区域。

约 2.5 万人在“五月流血周”中丧生或失踪，民族自豪感和理想不再是焦点，巴黎遭到保守派的否认，被认为是“非法国所属”(un-French)，且新的议会在凡尔赛成立。精心修饰过的巴黎曾是拿破仑三世最伟大的成就，却在普鲁士围城中被严重破坏，正如莫奈迅速意识到的，巴黎已不再是原来的那座城市了。几个月之后，他效仿众多市民同胞的先例，从首都搬到了附近的一个小镇上。

阿让特伊位于巴黎西北部约 10 km 处。200 年以来它一直是一个和平的乡间小镇，生产葡萄酒、石膏和上好的芦笋，并外销至首都。在法兰西第二帝国统治期间，它开始纳入工业；它在塞纳河上的位置便于货物运输的发展。莫奈很可能早已知道这个地方。它位于巴黎—勒阿弗尔的干道上，这对一位希望与巴黎保持联络却实际上并不住在那里的艺术家而言，似乎是完美的地理位置。不仅如此，事实证明小镇本身还有着丰富的崭新题材，呈现出将传统乡村场景与当代生活的描绘相结合的机会。这些因素造就了阿让特伊在印象派发展中的重要地位；虽然莫奈是唯一一位一年到头在那里居住的

图66.上图
《赞丹的风车》
1871年
布面油画
48.5 cm × 73.5 cm
泽西伯爵收藏

图67.下图
《新桥》
1872年
布面油画
53.2 cm × 72.4 cm
达拉斯艺术博物馆

印象派人士，但马奈和古斯塔夫·卡耶博特（1848—1894 年）都在附近有住所，并且雷诺阿和西斯莱定期前来拜访作画（图 71）。莫奈对该地的巨大热忱显然具有感染力，旅游局冠以它“印象派摇篮”（The Cradle of Impressionism）的绰号也不无道理（图 69）。

保罗·塔克曾颇为深入地研究过莫奈在阿让特伊的时光，他曾令人信服地声称艺术家对该镇的兴趣与其介于集镇和工业市郊住宅区之间的地位之变动密切相关。随着 1851 年一个火车站的落成，造访巴黎变得容易而快捷。铁路桥于 1870 年被撤退的法国大军所毁，之后一经重建，到巴黎的旅途便仅需 15 分钟。乡村提供了莫奈

图68
《巴黎废墟：马约门和万军林荫大道》
雕版画
见于《伦敦新闻画报》
1871年6月24日

图69.右页
《阿让特伊的纪念品》
明信片

最喜爱的一系列主题以及新鲜素材。塔克表示，如《阿让特伊的葡萄园小径》（图 70）这样的画作将阿让特伊的两面性以同样冷眼旁观的方式展现出来。其构图可被看作是刻画了从农业到工业的自然演变。

工厂对这一时期的画家来说是极为罕见的题材，尽管它们频繁地出现在插画杂志和旅行指南上，而莫奈可能是有意识地选择以“高雅艺术”的方法来处理“低级艺术”的题材。但可能也有其他原因：爱国主义，以及对新兴的艺术购买阶层品味的揣摩。紧接战后的几年里，工厂作为法国在 1870—1871 年普法战争后重建能力的

证据，在国家中的地位格外显著。普鲁士吞并了备受争议的东部省份阿尔萨斯和洛林——法国工业化水平最高的地区。他们还在举国上下驻扎部队，并索要50亿法郎的巨款——作为他们完全撤离法国领土的代价。他们对谋利侵占期待已久；事实上，该笔金额全部在30个月内通过公众向国家债券提供募捐而得以偿还。战后重建的极速发展使法国恢复力的展现成为可能。正是诸如那些集中在阿让特伊的小型工业的扩张加剧了战后繁荣。莫奈本应有理由期待将这样的工厂题材卖给爱国且开明的赞助人，而丢朗-吕厄将它们当作库存买下。

莫奈在过去的9年里住过11个不同的地方；阿让特伊是他第一个固定的家，也是他最令人难忘的几幅作品的取景地。尽管他后来

把19世纪70年代描绘成极度贫困的时期，实际上，这10年是相当成功的，至少在约1878年之前。莫奈在一座配有一名女佣、一名保姆和一名园丁的大房子里舒适地安顿着，过着郊区中产阶级的生活（图72、图73），这显然很适合他。他这一阶段的信件表明了他对自己作品的自信以及在第一个真正家中的快乐，纵使他19世纪60年代的积习根深蒂固，且不断通过借款请求来纠缠所有与他通信的人。不难理解他是如何做到的永久性负债，即便是在这样的富裕时期。搬到阿让特伊不到2年内，他的收入便比巴黎职业画家收入的2倍还多，并且他住在该镇的6年间，年均收入高达1.4万法郎。他生活美满，并成功地花掉了所有的收入，以致当困难时期再次到来时毫无准备。

莫奈 19 世纪 70 年代的致富可归结于若干因素。首先，他的工作已成熟：阿让特伊的画作展现了惊人的自信以及技巧上的创新。他呈现于 19 世纪 60 年代以来一些作品中的怪异和笨拙几乎荡然无存。阿让特伊源源不断地激发着他的灵感，他无须四处搜寻作画场所。然而，若没有他的画商丢朗 - 吕厄，这一切都将变得无关紧要。纵观 19 世纪 60 年代，莫奈将过多的精力献给了他希望被挂到沙龙展上的画作。这些作品，大部分是庞大复杂的人物、风景画，且并非他作品的一贯作风。私人买家，而后是画商，更偏好规模较小、

图70.左页
《阿让特伊的葡萄园小径》
1872年
布面油画
48.3 cm × 74.9 cm
私人收藏

图71
皮埃尔-奥古斯特·雷诺阿
《在阿让特伊的花园中作画的莫奈》
1873年
布面油画
50.3 cm × 106.7 cm
沃兹沃思学会
哈特福德

较为随意的画作；而自从丢朗 - 吕厄做好了批量购买的准备，艺术家便消除了必须寻找买家的顾虑。他可以将精力集中在小幅画作上，画得更多，并且更自由地进行试验。尽管其个人作品看起来似乎没有 1865—1870 年的奇特布景作品那般大胆，他们共同推进了对风景画的理念的改写。

纵观 19 世纪 70 年代，丢朗 - 吕厄购买的作品数量远远超过了他所卖掉的，从而囤积了大量画作。实际上，他正用数目可观的金额推进着莫奈的事业，在短期内却没有实现太多。这是一笔最终

Claude Monet

得到补偿的赌注，但却要求画商一方具备信念和勇气。莫奈同其赞助人及画商间的关系是市场随沙龙垄断消亡而分裂的典范。这为像丢朗–吕厄这样的职业画商开辟了道路，他们取代了那些囤积少量画作以低价出售的旧式颜料商人。新一类的画商有着高昂的经营成本，因为他们需要时尚地区的奢华场所，也必须备有足够的库存以迎合鉴赏品位的突然波动。画商作为中间人的重要地位，是战后巴黎“快速致富”(get rich quick)氛围的典范。为重建巴黎而募集资金的需要导致了投机买卖的盛行，画作随着炫富消费的增加而获利。丢朗–吕厄和他的对手们出售奢侈品，这在战后时期的繁荣形势中大受欢迎。他们用借入资本来操作，且和周旋于客户和赞助者当中的股票经纪人和银行家一样，他们也频繁地经历着繁荣与破产。

图72.左页
《艺术家的阿让特伊房子》
1873年
布面油画
60.2 cm × 73.3 cm
芝加哥艺术学院

1873年丢朗–吕厄的生意破产——事实证明是暂时性的——但他突然停止购买画作迫使莫奈去考察其他的备选市场。尽管他在19世纪70年代中期有过几位稳定的私人赞助者——歌剧演唱家让–巴普蒂斯特·弗雷和顺势疗法医师乔治·德·贝里奥均在购置其大量画作的热心人士之列——莫奈的作品很难被直接卖掉。他需要在公众场合提高曝光率，办一场独立展览的想法再次应运而生。

图73
阿·格雷纳
克劳德·莫奈和卡米尔·莫奈
1871年

莫奈和他的同伴们最开始曾考虑过举办一场集体画展，那是在1867年——他们都在沙龙展上落选。这个想法在之后的几年里酝酿沉淀：1869年巴齐耶在给父母的信中介绍自己将同“一些才华横溢的人”举办一场集体画展的计划。“我们将邀请所有愿意将作品寄给我们的画家。库尔贝、柯罗、迪亚兹、杜比尼和许多其他的画家……都许诺将画作寄给我们，并高度赞成我们的想法。有了这些人，以及莫奈——他们中的最出色的画家，我们定能取得成功。”战前筹集资金已被证明是不可能的事，但到了19世纪70年代早期，许多年轻艺术家在这方面做得更好，且在法兰西第三共和国形势的改观之下，一场独立展览成功的可能性会更大。尽管巴黎公社之后的政府并不稳定，且对任何有异议的事情都感到惶恐，但旧制度的消亡促使更为开放的态度在公众之间滋长。自相矛盾的是，尽管沙龙展比过去限制更多，学院派教条和当代鉴赏力之间的分歧却被公开承认。简·梅奥·鲁斯曾极为详尽地研究过印象派画家和沙龙展之间的关系，研究表明，即使是战后的美术总监查尔斯·白兰克也承认需要将沙龙展上的“商店”部分和“博物馆”部分加以区分。1872 年他正式向艺术家们发出邀请，以组织另外一场以出售其画作为目的的展览，邀请函上写道:“对一场旨在吸引买家的展览来说，艺术家对此可以保留适当的主动权，不论是作为个人还是作为集体。”他甚至建议政府通过为他们提供建立这一商业项目的空间的方式伸出援手。由于沙龙展本身变得日益狭隘，且失去了 19 世纪 60 年代那无所不包的特质，因此独立展览的理论基础对艺术家及公众而言变得越发明晰。

的确，从不得人心的旧制度中独立出来，可以在艺术家们的支持下得以实现，这促使 19 世纪 60 年代的叛逆分子转型为 70 年代的时尚宠儿。作品曾在皇家沙龙展上落选几乎成了像莫奈这样的艺术家们的一项优势，他们被视为名誉无损。他们画风的新奇以及对当代生活——工厂、通勤火车、河上的星期天这类中产阶级世界的兴趣，能够吸引正在重建法国的新兴阶层的注意，如资本家、实业家以及开明的政治家。

为艺术家们建立独立论坛的举措被当作自由之风、清新空气和多元主义而受到多方面认可。1873 年春天首次提出的“无名艺术家协会——包括画家、雕塑家、版画雕刻师等”于同年 12 月正式成立。其核心艺术家及组织者由莫奈、毕沙罗、雷诺阿、西斯莱、德加和贝尔特·莫里索（1841—1895 年）组成。即便在这个小团体当中，关于协会的意向也存在着私人关系的紧张和强烈的意见不合，但该集体的优势要远大于问题。协会的宗旨发表于一份艺术界的报纸《艺术编年史》的专栏中：

一个有着变动的人员和资本的合作型上市公司，由画家、雕塑家、版画雕刻师和平版画家组成，以10年为一个阶段，如上所述始于12月27日，并制定以下目标：（1）组织的免费展览不设置评委会和荣誉奖项，在这里，所有的同志都能展示他们的作品；（2）出售上述作品；（3）尽快在专门报道艺术的杂志上出版。

这里没什么能威胁到该机构。毕沙罗有着强烈的左翼观点，并试着更为公开地宣布其政治立场，但被投票否决了。宣言和团体名称的平淡无奇均是有意为之；画家们希望避免被集体归类。其他艺术家也受邀加入，参展者总数升至30人。

当画家、雕塑家和版画雕刻师协会的第一次展览（如今通常指第一次印象派展览）于1874年4月15日开幕时，十分符合大众的兴趣。此次展览被提前宣传，且开幕时间被定在沙龙展前2周，以保证大量新闻媒体报道。展览在摄影师纳达尔（本名为加斯帕德·菲利克斯·图纳逊，1820—1910年）那位于时髦的嘉布遣大道上的借来的工作室中举办，旨在于新巴黎引起轰动（图74）。其中一幅参展作品——莫奈的《嘉布遣大道》（图76）强调了此次展览的当代性。该画很可能是画于展览开幕前不久，通过戴高礼帽的时髦绅士从阳台窗前探出身子观察过往人群来完成对这条大道的展示。观众一定觉得他们简直不能更时新（图75）——评论家厄内斯特·切斯诺表达了这一观点，他首次写到了莫奈捕捉到的这幅画面，公路的异常生动、人行道上的群众以及路上车辆的熙攘、大道两旁排列着在光与尘土中摇曳的树……（前所未有的）动作的难以捕捉、转瞬即逝、瞬时性，被极为流畅自然地捕捉和固定下来，正如在这幅不同寻常、不可思议的草图中的那样。

切斯诺用了“半成品”（ébauche）这个词，在这里被翻译成

“草图”(sketch)。准确的英文术语应为“准备阶段”(lay-in),这是描述一幅传统绘制的布面油画的初级阶段的专业术语,而画作完成阶段的表述由其他评论家提出。不过,由于负责展览的委员会的态度相当包容,因此也有足够多的传统画家的作品参展,以保证大多数参观者都能找到符合自己品位的东西。除莫奈、雷诺阿、毕沙罗、西斯莱、德加、莫里索、保罗·塞尚(1839—1906年)和布丹的作品之外,风格更保守的艺术家的作品缓和了新绘画带来的冲击感,这是有意为之。德加格外渴望展出各种各样的作品,以避免

图74
纳达尔
嘉布遣大道35号
约1861年

这一狭隘帮派的出现。包括雕塑在内,展品总共有200多件,且访问的人数达到了3500人次——这个总数颇为可观,尽管同沙龙展观众的规模相比显得微不足道。

两场展览门票收费都是1法郎——但随后便相去甚远。1874年的沙龙展格外的保守。它局限于以宏大方式展现的狭隘的爱国主义题材,没有包含风俗画,也鲜有风景画和肖像画的展出。它拥挤不堪、混乱无序又古板过时。相比之下,纳达尔工作室的这场展览可谓是精心摆放,有大把的空间分配给每位艺术家及其以互补方式组

合陈列的作品。

印象派的历史常常被说成是天才艺术家们对盲目遵循传统的艺术界的奋力抵抗，且对 1874 年第一次展览的描述听起来仿佛媒体和公众的反应是一成不变的敌意；实际上却并非如此。一场由艺术家们组织的独立展览的设想广受欢迎，并且尽管它在经济上略有亏损，但就观众出席率而言，却是场罕见的成功。评论的普遍基调即使是不信任，却也给予了积极肯定，甚至连不喜欢其中大多作品的评论家也似乎同雷昂·德·罗拉有着同样的感受，他在《高卢人报》中写道："他们的努力值得鼓励。"一些公众批评更为切中要害，有几篇评论还暗示了艺术宠儿与政治激进主义之间的关联。这个团体的建立者被称为"叛乱分子""造反分子"和"顽固分子"——这些术语均在法兰西第三共和国之下饱含寓意。作品的风格及其不设评委会及奖项的展览方式，的确对传统、权威和现状构成了挑战。

尽管该协会在这次展览之后出现财政赤字并最终清盘，第一次展览所激起的兴趣激励着艺术家们在今后的 12 年里组织了 7 次独立团体展。莫奈在媒体报道中收益颇丰：他被普遍视为这场新运动的典型代表。因此，当他的一幅画作《日出·印象》（图 62、图 77）可以提供逐渐被团体中绝大多数画家所接受的标签时，显得颇为恰当。这幅勒阿弗尔港的绘画很可能是一怒之下所起的名字：雷诺阿的弟弟埃德蒙正在编辑展览目录，此时他将莫奈的注意力转移到他标题的单调性上——《乡村景色》，其他几幅则在此基础上有所变化——据说莫奈回应道："你为什么不直接把它们叫作'印象'呢？"这个词语被艺术家们及其捍卫者们广泛应用，且并不是一个随机的选择；许多评论家，如卡斯特涅利——现实主义的支持者，将它视为该团体意向的核心所在。

如果一个人想用单独一个定义他们努力成果的词语来描述他们的特征，那么他只有去创造这个新术语"印象派"。他们没有呈现出一幅风景，却展现了风景所产生的感觉，从这个角度来讲，他们即是印象派。

这些艺术家在描绘他们所见，而非他们所知；他们在画感觉，而非外观。

真实对待个人经验的理念，以及对这种全新角度看待大自然之新鲜感的相关信念，既是“印象派”观念的核心，也是莫奈作品的重点。莫奈这样评价《日出·印象》:“它的确无法被当

图75
嘉布遣大道
巴黎
19世纪80年代

图76.右页
《嘉布遣大道》
1873年
布面油画
61 cm × 80 cm
普希金美术博物馆
莫斯科

作勒阿弗尔的景色”。在这一点上，正如约翰·豪斯所指出，他正将该画同他其他的画作——如一同参展的《离开勒阿弗尔港的渔船》（图78）区分开来。尽管捕鱼场景那明亮的灰色光线照亮了这幅油画的每寸角落，但《日出·印象》却并未真正揭示什么；主要地标被雾气掩盖，且画面主要由太阳那猩红色的圆盘与阴冷潮湿的帷幕那灰色的基调形成的对比占据主导。艺术家对空气的颜色很感兴趣，而非海港的地貌。当然，这对《离开勒阿弗尔港的渔船》来说也是如此，画面以惊人的细节捕捉到码头上的

Claude Monet . 72

明亮水洼，且与桅杆在波涛汹涌的海面上生成的倒影以及天空中缭绕的烟雾形成对比。水、倒影和烟——这 3 个区域都保持着界限，而在《日出・印象》中则混为一体：地平线消失在彩色的雾气中。捕捉光之变换效果的能力在莫奈未来 50 多年中变得越来越重要，且这幅特别之作已然成为印象派运动的一个象征，不仅因为它的标题，还因为莫奈后来的作品所用的方法看似由此衍生。

莫奈在标题中对“印象”一词的使用明确表明了“印象”作为自成一类的风景画的概念。所有被称为“印象”的画作都有着同样的朦胧光线，外形在此光线中溶解并融化。因此，“印象”是一类特定的主题，其本质上是内化的、个人的，不仅表现了一个地方，还表现了这个地方的一种经历。这个词也开始被延伸作为一种风格的标签，该风格抛弃了“完善”这一盛行概念。通过展出始画于户外（很少完成）的画作，莫奈及其同行们使草图、基本准备阶段的作品和一幅“画作”——在画室中思考、计划并创造产生的东西之间的区别模糊起来。不过，这并不意味着莫奈将这种区别视为无关紧要——正相反，他谨慎地强调，某些展出的作品将被视为草图。

图77
《日出・印象》
1872年
布面油画
43 cm × 63 cm
马蒙丹美术馆
巴黎

一直以来，草图都有一个行家市场，但展出和卖掉“印象之作”却是一个全新的举措。通过丢朗－吕厄购买莫奈作品的资产阶级赞助人偏好相对清晰且细致的画作；而直接从画家那里购买作品的艺术界内部人士则偏好价格往往更为低廉的草图。丢朗－吕厄不再购买莫奈作品的那段时期，莫奈卖掉了更多的草图和“印象之作”，价格通常十分低廉。快速创作有销路作品的压力影响了他作品的质量，并招致了不少批评，有些批评甚至来自左拉这样的对他颇有好感的支持者。因此，以莫奈之见，“印象之作”可被视为对实际问题的一个良好解决方案，但却不能如此简单地解释它们对观众的吸引力。在“捕获的瞬间”的理念中也有某种东西令 19 世纪 70 年代的公众着迷，这个时期的人们认为迅猛变化和不稳定局面无所不在。

19 世纪 70 年代的法国是一个正在重建自身的社会，且由新奇变化之感——捕获转瞬即逝的一刻时的激动而产生的兴奋感，在这关键的 10 年里对莫奈的作品来说必不可少。“印象之作”捕捉到了一个异常迅速发展的时代的精髓。莫奈的阿让特伊画作歌颂了瞬间的效果和变化的过程，自然和人为的兼而有之。他以同样的喜悦和兴奋描绘霜中和阳光下的田野以及其边缘处的新型住宅区。

在 19 世纪 60—70 年代，阿让特伊既是工业区，也是新兴的周日消遣——划船的胜地。它坐落于靠近巴黎的塞纳河的一个深盆地中，是定期举办划船比赛的理想场所。莫奈画工厂、铁路和河上的

图78
《离开勒阿弗尔港的渔船》
1874年
布面油画
60 cm × 101 cm
洛杉矶艺术博物馆

图79.右页
《画室船》
1876年
布面油画
54 cm × 65 cm
艺术与历史博物馆
纳沙泰尔

商业交通，但水域和游船似乎最为吸引他。身为一名向法国引进游艇的城市的勒阿弗尔镇人，他显然感到与河上的生活有种不解之缘，且待他买到一艘船后，便将之改造成了一个流动的画室（图 79）。他在河上漂流不定，被倒映在水上的光所笼罩，这使他能够以一名参与者而非旁观者的眼光准确无误地观察这一场景。

法国以及国外的画家们均对露天观察法实行已久。英国艺术家透纳（1775—1851 年）——莫奈曾在伦敦的国家美术馆中研究过其作品——曾声称，他在描绘暴风雨中的船时曾被捆在桅杆上。这个著名的故事属于凭空捏造，但人们却对此大加利用，因为他们认为，艺术家在暴风雨中的直接经验保证了他所描绘的作品的真实

年，他又重新开始画巴黎，并创作了一系列与战前作品极为不同的图像。莫奈不再画繁忙的大道和市中心塞纳河桥，而是转向描绘公园，特别是最新建好的位于巴黎八区的蒙梭公园（图 81）。这个公园常被形容为具有“英式”特征，且与巴黎市中心的公共空间相比显得更为随意。莫奈重点强调了树木环绕的人行道与花团锦簇的草坪那隐蔽的氛围。人物和环境间的平衡显然倾向于风景；人物仅仅是“陪衬”，为装饰画面真正的焦点——鲜花盛开的小径而被加进画中。

同时，他的阿让特伊主题由河流与小镇这样的公共空间转变为自己的花园或周边的田野。莫奈的绘画变得越发与世隔绝且超然世外，展现了女人与孩子在日光斑驳的花园中的场景。这些画卖给了私人收藏家，但却以很低的价格售出，且 1875 年 3 月的一场作品拍卖会的结果令人失望。正是由于在某种程度上怀着扩大市场的希望，莫奈准备参加 1876 年 4 月的第 2 次印象派展览。

图81
《蒙梭公园》
1878年
布面油画
72.7 cm × 54.5 cm
大都会艺术博物馆
纽约

此次展览在丢朗－吕厄位于贝勒提耶街的场地中举行，比 1874 年的那场更为挑剔。该次展览引发了更为严肃的点评讨论：作家爱德蒙·杜兰蒂发表了一篇题为“新绘画”的文章；左拉和诗人斯特芳·马拉美（1842—1898 年）都撰写了长篇评论。与影响了 1874 年展览招待会的颠覆性政治的联系得以延续，马拉美在他的文章《印象派与爱德华·马奈》中明确指出了这一点——该文章发表于英国，可能是为了避免审查。马拉美总结道：

迄今为止被忽视的一群人参与到法国政治生活是一个将使整个 19 世纪末引以为荣的社会事实。在艺术方面可找到类似的演变预备方式，毫无预见的公众在这一演变首次出现时，便称之为“不妥协者”（Intransigent），这在政治语言中意味着激进和民主。

只有 19 位艺术家参加了第 2 次团体展，并且他们的作品被分

图83
《圣拉扎尔火车站》
1877年
布面油画
75 cm × 100 cm
奥赛博物馆
巴黎

巴黎——而如今阿让特伊也不再吸引他。他在完成圣拉扎尔组画之后，回到了阿让特伊，但在那儿的 9 个月里只画了 4 幅作品。是时候离开了。

图85.左图
厄内斯特·奥修德和爱丽丝·奥修德
1872年

图86.右图
奥修德家中年长的4个孩子
约1873年
从左至右依次为：苏珊娜、布兰奇、雅克和玛尔特

一切固有的东西都烟消云散 莫蔡在维特伊

4

图87
《霜》（图95细节）

对莫奈来说，19 世纪 70 年代末期及 80 年代早期与 19 世纪 70 年代前半段财政及家庭上的稳定截然不同。他私生活的显著特点表现为卡米尔的久病不愈和痛苦离世，同时他对爱丽丝·奥修德与日俱增的爱慕使他的家庭更加复杂，开销也更多。一场普遍的经济衰退带来了艺术市场的崩溃，且莫奈的收入一落千丈。离开阿让特伊与定居吉维尼之间的 5 年十分艰苦、孤立无助且没有保障，但到了 19 世纪 80 年代末，莫奈开始时来运转，并且他的作品变得更加自信，同时也受到更为广泛的认可。

莫奈在阿让特伊度过了 6 年多的时光；这里曾是他第一个真正的家，一个他与卡米尔自己创造的地方。许多最漂亮的阿让特伊画作描绘了他们的花园或紧邻房子周围的田野，且卡米尔和小让出现在绝大多数画面中（图 88）。正如左拉于 1866 年颇具洞察力地谈到，莫奈的风景画本质上是城里的一日游游客之所见：

他像一个真正的巴黎人一样，将巴黎带到了乡村。他无法画出一幅不带有衣冠楚楚的男男女女的风景画。大自然一旦无法承载我们习俗的印记，就会使他失去兴趣……克劳德·莫奈对人为现代化的大自然有一种特殊的喜爱。

到了 19 世纪 70 年代末，莫奈的兴趣开始发生转变，他开始在

被国家买下。其规模巨大且引人注目，确切地展现了暴风将至前的光穿过青铜色的云照在翠绿的草地上。房子聚集在画面中间，左侧的树丛形成了一个楔形，有助于转移观者的注意力。场景被光线照亮，且画中所描绘的一切都精准清晰。相反，《雾中的维特伊》展现了莫奈与图像描述之传统惯例相去甚远。其若隐若现的形式松散且无明显意义：它们本质上并未提供确切的信息，尽管它们的确传达了观看那融化在寒冷冬日的闪耀阳光里的云层的振奋之感。

图93.左页
《雾中的维特伊》
1879年
布面油画
60 cm × 71 cm
马蒙丹博物馆
巴黎

图94
夏尔・比松
《拉尔瓦丹村》
1877年
布面油画
175 cm × 220 cm
美术博物馆
昂热

从记录一个主题到唤起一种氛围的转变，第一次明显地出现在19世纪70年代早期，这成了莫奈80年代作品的主要特征；其主题对象变得越发无形化。这可能阻碍了买家购买的欲望。1873年的销量低潮带来了6年的艰难时光，但1879年一个以儒勒・格雷维为首的新型左翼政府开始掌权，法兰西第三共和国开始稳定起来。经济得到改善，但恢复信心以回归先锋画市场却花了一些时间。像比松这样的作品令人放心，不仅因为其风格传统，还因为它们展现了

场需求而相应改变。印象派于 1874 年举办第一场展览时，曾表现得激进、怪异甚至革命化。到了 19 世纪 80 年代，独立展览已变得更为普遍，且在非官方场地举办展览的行为不再是什么丢脸的事了。印象派的核心艺术家们一直有着强烈而显著的个性，且在 10 年不规律的团体展之后，他们的个性变得越发鲜明。德加和莫奈、雷诺阿和毕沙罗之间的艺术差异意味着他们的作品未必相得益彰，且个人分歧——特别是政治方面，威胁着该集体的团结。精心编排展览的任务变得越来越艰巨，只有毕沙罗——一位相信集体努力之重

图98
《拉瓦科特的塞纳河》
1880年
布面油画
100 cm × 150 cm
达拉斯艺术博物馆

图99.148-149页
《浮冰》
1880年
布面油画
97 cm × 150.5 cm
谢尔本博物馆
佛蒙特

图96.左页
《雪中的维特伊教堂》
1879年
布面油画
53 cm × 71 cm
奥赛博物馆
巴黎

图97
阿尔弗雷德·西斯莱
《路维希安的雪》
1874年
布面油画
65 cm × 92 cm
私人收藏

要性的社会主义者，在 8 次展览上都展出了作品。因此，莫奈在选择沙龙展而不是印象派时，也在尝试表现他在一个包括他不想与之合作的艺术家——如保罗·高更（1848—1903 年）的团体中的独立性。莫奈于 1880 年 4 月接受了记者埃米尔·塔布勒为《现代生活》所做的一次采访，并在访谈中像一个典型的背叛者那样为自己辩解。他声称远非自己离开团体，而是团体离他而去，并如信仰的捍卫者那般表明自己的立场：“我现在是一名印象主义者，以后也将永远是……但我如今仅在极少的情况下见到我的战友们、男男女女。

来之后，他和爱丽丝便决定从维特伊搬到普瓦西。距离并不算远，但这个新兴城镇的规模更大，且为孩子们提供了合适的学校。自卡米尔去世后，维特伊变得不再那么友好，而建立一个新的家庭可被看作与过去告别的独立宣言。不过，莫奈从未喜欢过普瓦西；他在这个地区难以找到绘画的兴趣点，且他一旦把家人安顿下来，就开始到外面寻找题材——主要在诺曼底沿海地区。

1882 年年初，莫奈到迪耶普附近的普维尔旅行。普维尔是一个海滨度假胜地，与他和卡米尔作为新婚夫妇，在普法战争爆发的那个夏天居住数月的特鲁维尔颇为相似；这次莫奈选择在淡季——冬天时造访。他被空旷的沙滩之美迷住了，并在那儿待到了 4 月以前，

图101
菲利普・奥托・朗格
《胡森贝克家的孩子们》
1806年
布面油画
130.4 cm × 140.5 cm
艺术馆
汉堡

图102.右页
《画家在维特伊的花园》
1881年
布面油画
151.4 cm × 121 cm
国家美术馆
华盛顿

6 月又返回此地，把爱丽丝和孩子们接来，安顿在一个当地的旅馆中。他于 2 月首次到访普维尔，并于 10 月回到普瓦西，在这期间，创作了近 100 幅海景画。他似乎很享受有新家人在身边时的工作时光——一个成员总是被派来帮他搬器材设备——但他们几乎不曾出现在画里，且即使出现，也是为了强调大自然的雄伟壮丽，而不是为人类服务。

这些普维尔画作中的悬崖步道及海滩同 10 多年前所画的特鲁维尔场景截然不同。作品如欢乐的《黑岩旅馆》（图 59）中的魅力与活力被空旷的海水和沙滩所取代；艺术家的关注点由露天环境中的人转变为空气和海。《普维尔的海》（图 105）中的简单与空旷及

其海、地平线和火红天空的带状条，在欧洲画中并非新鲜事物。它是罗伯特·罗森布拉姆所塑造的艺术家孑然体验着大自然的真正力量的特有北方传统的一部分。作为一位有着诺曼底根基的法国画家，莫奈同时吸收了北欧绘画和南欧绘画的元素，且在这幅画中，他通过看向英吉利海峡对岸的英国，从字面兼艺术层面上使自己朝向北方。在阿让特伊，他曾对人为积极干预如何改变他眼前的风景颇为着迷。而在这里的海岸上，他忽视了人类的存在迹象，以专注于最为简约的大自然。

至此，对作为印象派早期作品中的元素——现代生活题材那曾经如此浓厚的兴趣已最终从莫奈的绘画中消失，且其作品如今表现法国风景画的传统主题，更为注重连贯性，而非变化。描绘诺曼底沿海度假胜地——普维尔、瓦朗吉维尔和埃特勒塔的画作进一步发展了维特伊那空旷的乡村风景画。通常，这些作品摒弃了陆地及其居民，而专注于海与天的浩瀚空间。它们中有不少使用了一种高度简化的构图，这使人想到了《浮冰》；过去曾在《退潮时的拉阿芙岬角》（图 26）这样的画作中塑造海滩的传统曲线和风景弯处已被抛弃，如今画中所展示的是一连串普通的带状条，不受画框以外的任何东西限制，亦不与之接壤。故事与信息已消失，这便把观者单独留给了大自然。这些画作格外不易看懂；画面缺少焦点，令人感到不安。和那些维特伊的画作一样，其画面中大片空白的魅力，一定程度上在于那种平静感和孤独感——仿佛所有其他人都已离开海滩回到家中。这便是该游客的完美体验。

图103. 左图
《坐在柳树下的女人》
1880年
布面油画
81.1 cm × 60 cm
国家美术馆
华盛顿

图104. 右图
《布兰奇·奥修德14岁肖像画》
1880年
46 cm × 38 cm
美术和陶瓷博物馆
鲁昂

然而，到了 19 世纪 80 年代，在普维尔这样的度假胜地独享沙滩大概十分罕见。莫奈选择作画的地区一点儿也不偏远；在如《普维尔的悬崖步道》（图 107）这样的作品中，他想必是故意将自己置身于能遮住已存在多年的赌场、旅馆、海滩建筑和洗澡小屋的地方。他可能也对其他的画架置之不理：许多艺术家都熟知这段诺曼底海

岸线。

1883 年 1 月，莫奈决定在著名风景区——埃特勒塔（图 108）作画。那里几乎尽人皆知；近 50 年以来，它以一所叫作“艺术家的聚会场所”的旅馆为荣。1868—1869 年，莫奈曾在那里作画，并清楚地意识到来自死者和生者的双重竞争：德拉克洛瓦曾在埃特勒塔画画，库尔贝也是。库尔贝的那幅自夸式的《帕拉瓦的大海》（图 106）——一幅地中海场景——展示了关于海的一种截然不同的表现手法——与《普维尔的海》形成鲜明对照。莫奈所关心的是如何展

图105.左页
《普维尔的海》
1882年
布面油画
54 cm × 73 cm
费城艺术博物馆

图106
古斯塔夫・库尔贝
《帕拉瓦的大海》
1854年
布面油画
27 cm × 46 cm
法布尔博物馆
蒙彼利埃

示大自然的壮丽，而非彰显艺术家的伟大，且当他来画小镇附近的崎岖悬崖那最为著名的地理特征之一——被称为“象鼻山”的针峰与拱门时，便犹豫着是否要对已故的大师发出挑战。他在写给爱丽丝的日常信件中，以“极为大胆”（terribly daring）来形容该计划。结果，他绘制了若干幅不同的风景画，其中《埃特勒塔，汹涌的海》（图 109）与库尔贝那幅描绘同一区域的作品（图 110）最为直接相关。画作使用了几乎完全相同的视角，但莫奈增加了悬崖与海在其中所占的比例，并减少了天空的面积。这让观者更加接近大海，且

波澜起伏的海面在画中占据了一半以上的空间。

在同一个主题的其他视域中，这种“特写”(close-up)效果有增无减。在《象鼻山》(图 111)中，观众被剥夺了一切坚实的立足点，被束手无策地放入海水中起伏摆动。莫奈曾经说过，他想要被埋在浮标下面，且这幅画传达了一种将与海水融为一体的灵魂出窍之感。画中元素在其最基本的支撑点上摇摆不定；没有哪处有迹象表明这是一个经常被英国及巴黎游客光顾的大众度假景点。莫奈通过使用只有望远镜中才能看到的视角，将周边小镇的热闹环境拒之门外，且艺术家的体验成为我们自己的体验。此类画作变得越发受人欢迎，因提供了某种进入创造性思维的内心活动的特权而备受珍视。莫奈的性情及视野个性已成为有销路的商品，且市场策略也变得比以往任何时候都重要。

图107
《普维尔的悬崖步道》
1882年
布面油画
66.5 cm × 82.3 cm
芝加哥艺术学院

莫奈在举行过独立个人展之后，重新与丢朗－吕厄签约，并继续向他的老主顾们直接出售作品，由此通过高度盈利的方式掌控着市场。画作交易成为举足轻重的行业，而当时巴黎最时尚的画廊正是乔治·佩迪那最新开幕的世界博览会。面临这位新的竞争者，丢朗－吕厄在 1882 年年初金融市场的一次骤降导致其主要出资者——天主教银行家儒勒·费德的破产时，一定是吓坏了。受债务牵累且被再次破产所威胁的丢朗－吕厄开始劝诱不情愿的印象派们再次以团体方式公开露面。这并不容易，但最后，他们中的大多数人都来了——甚至包括已意识到个人展览更能致富的莫奈和雷诺阿。该团体最初的所有成员都意识到，丢朗－吕厄帮助他们太多了。

与 1879 年那场把作品的选择权和组织权交给卡耶博特的展览不同，莫奈此次与画商密切合作，仔细商讨以提交合适的画作。最终他们选择了 35 幅画作，主要为近期之作。夏庞蒂埃夫人的《浮冰》再次出现在展览上，一同展出的还有被莫奈形容为对于沙龙展“过于私人化”的那幅画作。显然，他期待着一群更具洞察力的公众来参观此次展览。

图111
《象鼻山》（埃特
勒塔）
1883年
布面油画
65.4 cm × 81.3 cm
大都会艺术博物馆
纽约

结果，第 7 次独立艺术家展览仅缺席塞尚和德加，并被证明是 8 次“印象派”展览中最具代表性的一次。大多画作来自丢朗 – 吕厄的收藏，而它们在评论界所受到的热烈欢迎一定令他大大松了口气。展览成功地使他再次致富；新的买家出现，且莫奈的作品格外受欢迎。同年夏天，丢朗 – 吕厄在伦敦举办了一场团体展，继而又在荷兰、德国和美国举办展览。根据莫奈的提议，他采纳了个人展览的意见，并于 1883 年年初在他巴黎的经营场所举办了一连串长达 1 个月的展览。第一场展览是献给布丹的，而莫奈自己于 3 月展出了 56 幅画作。这些作品预备了一场小型回顾展，以 1864 年的早期沙龙展作品《退潮时的拉阿芙岬角》（图 26）作为开端，并以最近的普维尔场景作为结束。评论家们对如何探讨一场个人展还没有十足的把握，且销量并不是很好。因此，尽管莫奈与这个支持他渡过诸多难关的人保持着紧密的联系，却已充分做好准备以到别处寻找收入来源；正如他在写给丢朗 – 吕厄的信中指出：“一个人必须从商业的角度看待事物。”

5

图112
《小克勒兹河》（图133局部）

19 世纪 80 年代，莫奈的艺术声誉和商业成就终于都牢固地建立了起来。与奥修德夫人一同定居后，他找到了家庭的和睦；同时，他在艺术界名利双收。他把巴黎市内、郊区以及不自然的当代题材抛在了脑后，转而开始探索法国的新兴地区，同时更为深入地研究位于塞纳河谷的那片熟悉的乡村①。他开拓了一种作画的新途径，即创作两种截然不同的风景画，并于旨在展示他的驾驭范围及精湛技艺的个人展览中将之展出。离开印象派团体展之后，他将自己同一些新开的画廊建立起联系，这迫使画商们为他的作品而展开竞争。他的作品价格逐年飙升，且精明的策略为他分得了一笔可观的利润。

这是莫奈生平唯一一段密集式旅行的时光。他开启了漫长的绘画之旅，最久的一次要长达 3 个月，且这些旅程常常使他一路到达海边。这其中不乏个人因素——莫奈仍深深热爱着他年少时期的风景。他曾作为一名诺曼底海滩画家开始职业生涯，且在主攻内陆场景的 10 多年之后，他可能觉得有必要通过再次走向海边来使自己重新振奋起来。的确，他 19 世纪 80 年代的作品仿佛在概括其整个艺术生涯发展那般沿用旧的主题，并被视为一连串的重复。英吉利海岸是第一个经重新思考而得到再现的主题。实际的考量因素可能也激发了他的积极性。他的海景画卖得不错：似乎买家们对之的喜

① 指上一章中的维特伊。

Seurat

爱胜过乡村风景。海洋题材也使他能够通过一种在 19 世纪 80 年代中期尤为重要的方法来进行试验。彼时的印象派不再是曾经的新兴事物——甚至保守派评论家都开始以冷静赞许的口吻来评论莫奈的作品。

图113.左页
乔治·修拉
《安涅尔浴场》
1884年
布面油画
201 cm × 300 cm
国家美术馆
伦敦

更明亮的用色、外光画法的使用、宽阔的笔触以及关于现代生活的题材都已变得十分普遍，甚至在主流艺术家的作品中也得到了广泛的应用。印象派的这些元素再也不会触怒公众或是评论家。最为激进的新作品似乎来自一群更年轻的画家，即由乔治·修拉（1859—1891 年）和保罗·西涅克（1863—1935 年）引领的点彩

派或新印象派。尽管莫奈从未隐瞒对出售作品以及使之畅销的渴望，但他艺术抱负的巅峰却不仅是简单地拥有忠实的客户以及舒适的生活，他也想被其他艺术家所欣赏。因此，尽管他乐于同亨利·热尔韦（1852—1929 年）、让·贝劳德（1850—1936 年）和保罗·黑卢（1859—1927 年）这样的入时的保守派艺术家交往，却也需要同新一代的艺术家进行竞争。旅行给予了他拓展题材范围及风格种类的机会。

图114-115
左图
卡米耶·毕沙罗
《埃拉尼，我窗口的风景》
1886年
布面油画
65 cm × 81 cm
阿什莫林博物馆
牛津

右图
局部

到目前为止，印象派与巴黎周边地区以及英吉利海峡沿岸密切相关；其本质上是北方大都会法国的艺术。新印象派同样倾向于描

绘这些地区。修拉的作品主要创作于郊外的住宅区以及巴黎的边缘处;《安涅尔浴场》(作于 1884 年,图 113)描绘了阿让特伊不远处的一个场景。尽管这幅绘有平民浴者的肮脏却阳光明媚的风景画显然可以同《蛙塘》(图 56)这样的郊区田园生活关联起来,但它在风格与感觉上却有着根本的不同。修拉摒弃了调色板上的混色法,而代以在画布上直接用细小笔触上色的作画方法——这是一门意在用科学公正代替个性表达与情感之概念的技巧。1885—1886 年,修拉和西涅克发展出一种用纯色小点作画的方法,即人们所熟知的“点画法”(Pointillism)。在老一辈印象派画家中,毕沙罗开始在很多画中使用这门技巧,如《埃拉尼,我窗口的风景》(图 114、图 115)。不过,莫奈和雷诺阿的反应则大相径庭。

1883 年 12 月,2 位艺术家一同到南部海边旅行。雷诺阿近期去过普罗旺斯、意大利和阿尔及利亚,且对地中海风景那明亮的光线和新鲜的主题已经颇为熟悉,但对莫奈来说,它们却是新的发现。他在回途中给丢朗 - 吕厄写信,表达了自己对尽快独自回到那里去的渴望:“我总是独自作画时状态更佳……跟随我自己的印象。”两人肩并肩立起画架的旧时光一去不返。由于商业成功的出现,竞争和多样化变得比保护同行——“竞争中的同胞和盟友”更为重要。“印象”独一无二的观念——一位才华出众者的个人财富,成为莫奈的市场号召力中一个越发重要的元素。关于印象派的早期批评,常以其着色是物质或心理上视觉扭曲的产物为由,抨击他们的上色方法;例如,1876 年路易·雷诺将第 2 次团体展上的作品形容成“盲人画的线条……且颜色不过是挤干了彩虹上的所有颜色”。本质上为相对主义的视觉观念逐渐取代了对主张一种统一而普遍的观看之道的画作的渴望,且赋予了艺术家一种所见不同于他人且因此优于他人的特殊角色。在 1883 年的一篇关于他作品的评论中,甚至连相对保守的阿尔弗莱·德·罗斯塔洛也准备好承认“莫奈是一个有着独特视野的人;他观看事物的方式与大多数人不同,并且用真诚而努力重现他之所见”。尽管这一观点的转变往往令人“震惊”（shocking），但罗斯塔洛却断定这值得付出努力：“一个人必须超越第一印象……很快，眼睛就变得习以为常，魔法便发挥了作用。”

印象派一直是一个很多样化的团体，且内部存在分歧。尽管他们的展览通常被称为“印象派”展览，但事实上这些展览大多拥有其他的标题；其中，“独立”一词最为普遍。它们于 1874 年作为无名艺术家协会宣称一个事件而开始，且到 1886 年仅作为“第 8 次展览”而结束。他们的集体产业被认作对沙龙展的反抗，且随着官方机构的衰退，独立团体展的概念也渐渐失去了效用。在 19 世纪 80 年代中后期那四分五裂且竞争激烈的艺术界，个人展览才是最引人注目的。19 世纪 80 年代这一阶段有时被称作“印象派危机”，但不少当今学者认为，实际上，印象派始终只是为把全然不同的艺术家联合起来的一个常规标签。不可否认，在 1886 年的第 8 次也是最后一次“印象派”展览之后，这个词语便走到了尽头。艺术家们已变老；他们在中年时期都有大量的作品以供回顾，或许是觉得有必要告别一种可被预见的绘画方式。所有这些强烈的个性都各行其是，形成对变化环境的独特响应。

在 19 世纪 70 年代的动荡之后，80 年代的法国经历了若干次小型危机。一连串的疲软政府以及工业化的迅猛步伐滋生了投机倒把，且丑闻和腐败营造了不安的情绪。莫奈的新主顾们来自富裕的上层社会，若是在另外的政治氛围下，他们或许会尝试对国家大事施加直接影响。不过，在 19 世纪 80 年代末，他们却宁愿躲在精致的家中，把粗鄙和动荡拒之门外，并将其精力与财富集中用于对精神的培养。在莫奈和雷诺阿 19 世纪 80 年代的作品中，可以见到对将画作作为美丽之物的全新强调，且需要在人们广泛退出政治及公共生活的背景下被领会。

1880 年年初，雷诺阿曾对自己作品所表现的瞬时性感到不满，且意大利之旅激发了他对文艺复兴及新古典主义的全新崇拜。他

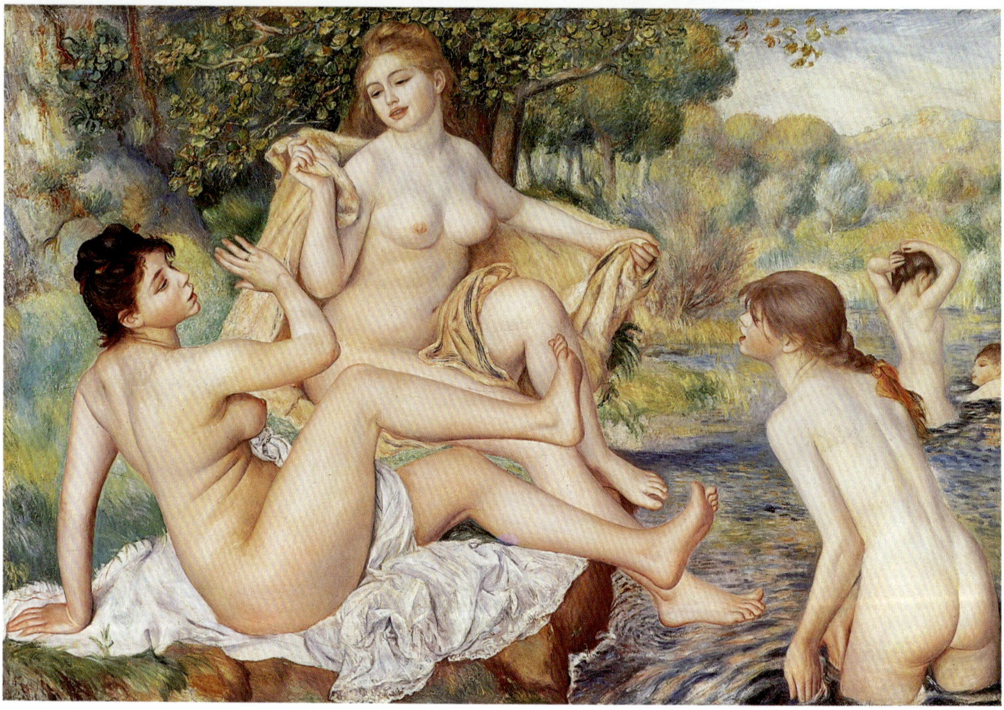

图117.下图
皮埃尔-奥古斯特·雷诺阿
《阳光下的裸女》
1875—1876年
布面油画
80 cm × 64.1 cm
奥赛博物馆
巴黎

1880—1883 年绘制的大幅作品《浴者》（图 116）与“印象派”风格下创作的类似题材的画作大为不同（如《阳光下的裸女》，图 117）；坚实、清晰的轮廓和传统的优美取代了他早期作品中的模糊笔触以及斑驳、缺乏魅力的躯体。然而，莫奈的画却在向相反的方向发展：其绘制方法——颜料的实际铺设方法，变得越发雄厚有力且充满生气，且题材更加缺少戏剧性。《芒通附近的马丁角》（图 118）画于 1884 年年初——莫奈返回地中海之时。它构图简单，分为 4 个部分：一条强有力的斜线沿左手边的树顶俯冲至画布的右下角，将视野切割成前景和中景，与此同时，湛蓝的海水构成的第 2 个三角形填补了海岸和山峦间的空隙。画家出神入化地将画中炽热的颜色形容成“白兰地烟火”（brandy-flame）和“鸽子的胸脯”（breast of pigeon），使画面有了一种被那切断了橙色小径与深蓝色海水的活跃的阵阵笔触所加强的活力之感。莫奈此行所描绘的风景是惊心动魄的画面，展现了艺术家不惑之年的精力和持续的创造力。他早期对表面纹理的试验——从蛙塘到维特伊，为他如今用未经融合的厚重、块状的笔触自由地反应地中海之光辉奠定了基础。莫奈不是像点彩派风格中的那样将颜色分解，而是通过一种独特的物理方式，用颜色来界定形状，这不同于当时任何一位画家的作品——或许他的老朋友保罗・塞尚除外。

图116.上图
皮埃尔–奥古斯特・雷诺阿
《浴者》
1887年
布面油画
117.8 cm × 170.8 cm
费城艺术博物馆

莫奈描绘这些南部场景的方式与他表现自己颇为熟悉的塞纳河谷截然不同。掌握一个新的区域对他来说并不容易；描绘一幅不熟悉的风景需要高度集中的注意力，而寻找适当的主题也相当麻烦。他在可以彻底安下心来之前，通常要经历几次失败的尝试。在刚出法国的意大利境内的博尔迪盖拉，他难以找到合适的栖身之所——他住的旅馆里满是德国人，这让他很是心烦，于是便搬到了一家常被英国游客光顾的旅馆。他在该地区周围漫步，渐渐习惯了与法兰西岛大区之“白光”（white light）颇为不同的灿烂阳光，也适应了那令人吃惊的色彩。他曾在与丢朗 – 吕厄频繁通信时写道：“我到现

图118
《芒通附近的马丁角》
1884年
布面油画
67.2 cm × 81.6 cm
美术博物馆
波士顿

Claude Monet 84

图119. 上图
乔治・佩迪在赛泽大街上的新经营场所
《巴黎生活》
1882年2月25日

在才对风景画有了真正的感觉，我敢加入所有的粉红色与蓝色；那里如同仙境，且美妙怡人。”

于 1 月抵达此地的莫奈一直待到 4 月才回家。当他最终再次出现时，带来了 30 多幅极为畅销的画作。丢朗 – 吕厄买下了其中的 21 幅；其他几幅则基本上被佩迪以及另一位新画商奥古斯特・波提尔抢购。

1885 年春天，佩迪展出了这些南方场景中的几幅。它们广受好评，甚至连拒绝接受莫奈早期作品的评论家也对之大为赞赏；这必然与对印象派技巧熟悉度的增加有关，但同时也是它们在赛泽大街（图 119）辉煌展示的结果。莫奈曾说，地中海风景画需要有“盛满钻石和珠宝的调色板”（a palette of diamonds and jewels），且这些奢华美丽的画作同佩迪画廊的气氛相吻合。

图120. 下图
丢朗–吕厄公寓的起居室
巴黎罗马路35号
展示由莫奈绘制的门

我们如今并无法将“用绘画作为豪华房间中装饰品”的想法与印象派联系在一起，鉴于我们对那些画作本身的感受很有可能是在公共博物馆那相对朴素的环境中形成。不过，这对莫奈并不是什么陌生的想法；他不但为倒霉的奥修德庄园创作过“装饰油画”，而且还为丢朗 – 吕厄起居室的门创作过 36 幅描绘水果和花朵的小型静物画（图 120）。后者在 1882—1885 年断断续续地创作完成。这些迷人的作品要求却并不高，可以在一个天气恶劣的下午快速完成，并在更要紧的事情出现时被放在一边，这便使莫奈有机会去思考如何将一间屋子作为一个整体来装饰——多年以后，该想法在巴黎橘园美术馆的大型睡莲计划中再次浮现。这些装饰画还通过可能使其绘画更受欢迎的方式——为之平添可被视为作品组成部分的社会环境，从而使之通俗化。展示画作并非一切，但却无疑是出售过程的一个重要部分。不过，若没有它们来强调莫奈作品同当代生活题材的日益分离及其重点向装饰及表面的转移，光靠展示将不足以实现其市场价值。

在 19 世纪 80 年代及 90 年代初期的绘画运动中，莫奈交叉往返于这个国家——他在大西洋、地中海和英吉利海峡沿岸作画，同时也不忘在吉维尼的家附近一带继续工作（见第 6 章）。继维特伊和普瓦西之后，莫奈一家人最终在 1883 年安顿于此。整体而言，他这 10 年的风景画累计构成了一场“环法之行”（tour de France）。这些画采用一名游客的视角，将注意力集中于海岸线的美丽而忽视了城市和工业，宣扬了乡村法国那本质上稳固不变的旧式观念。这些关于诺曼底、布列特尼和里维埃拉的图像缺少阿让特伊或巴黎题材中那令人不安的元素，且其主题中毫无对现代性的明显涉及，通过一系列精致而多变、几近杳无人烟的风景画将法国愿景展示出来。

莫奈在绘画之旅的地点选择上，同对自家周围风景的态度有很大不同。在塞纳河谷，他不断寻找“不照惯例中那般生动如画”（not too conventionally picturesque）的主题。旅行的时候，他常常使用知名的插图版旅行指南来帮自己选择合适的地点。这一定程度上是商业压力的结果：莫奈负担不起带着几箱设备和一名搬运工在悬崖峭壁周围长途跋涉所浪费的日子。这似乎也是他市场发展的需求所致，因此他宁愿选择因其他画家的作品而被人所熟悉的地区。

即使是他最为熟悉的海边场景——诺曼底悬崖，也能同其他艺术家的作品明确联系起来。山峦和壮丽、令人敬畏的景色长期以来一直是浪漫主义式崇高的主要元素，但到了莫奈绘制悬崖峭壁场景之时，这些元素也成了“激动人心的”景色（图 121）——在旺季中寻求崇高情感的旅行者不得不加入体验眩晕的队列。正如罗伯特·赫伯特所指出，在佩迪或丢朗 - 吕厄画廊的安静的环境里看画，可能比在悬崖峭壁上体验孤独感之后被其他探寻者推搡更容易体会到与大自然交融的感觉。

实际上，不仅是诺曼底，整个法国的海岸线都在被新兴的度假产业占领。受到普遍经济繁荣的刺激，且受改进公路及铁路网之便利的推动，19 世纪 80 年代的旅游业开始向国家更偏远的地区迁移。如莫奈在博尔迪盖拉旅馆的经历表明，法国的地中海沿岸以及意大利被成功提升为富有北方人的过冬之地，并开始了大批自行生产旅行指南及推荐路线的狂潮。这些季节性游客富有且见多识广——是潜在的画作买家。莫奈自己就是一名游客，且其作品似乎捕捉到了南方田园风光的精髓。他在逗留该地期间遇到了几位印象派画作收藏家；和莫奈的绘画一样，南部海岸的人气恰好也开始了无限增长。

1885 年在吉维尼度过夏天之后，莫奈于 9 月回到海边，把家人安置在埃特勒塔的一家旅馆中。他已在 1868 年和 1883 年画过这片地区，知道那里有什么能吸引他，并能够把精力集中于研制新的绘画方法，而不必大步穿行悬崖周围以寻找合适的视野。莫奈决定遵

图121
皮埃尔·奥汀
《瞭望处》
1878年
布面油画
59 cm × 98.5 cm
地点不明

循南方海景画的成功之道，并马上进入到密集作画的状态中；到秋末为止，他已开始了 51 幅油画的创作。他绘画方法上的转变使此番高产成为可能：他不再一次只绘制一幅油画，而是在不同天气的状况下，着手于刻画同一主题的若干个版本。他每天在 6 个不同的地点作画。在海滩及悬崖峭壁周围拖着大量的半成品是件繁重的工作，但这却是从每日的探险中收获最多的一种可行且有益的方法。根据埃特勒塔的一位著名居民——小说家居伊·德·莫泊桑（1850—1893 年）当时的记载，家中的年轻成员们被叫来帮忙：

（莫奈）向前走着，帮他拿画的孩子们跟在身后，其手中所拿的

五六幅油画展示着一天中不同时刻及不同效果的同一个题材。他根据变化的天空决定他拿起它们还是放弃它们。

甚至有一些早期造访时的半成品也被送到海边，这样他就可以在户外继续进行加工。尽管如此，他的画作最后基本都在画室中完成，即便他反复主张要完全在户外作画——这番主张被越来越多的记录他精神理念及工作实践的作家和评论家奉为圭臬。

在同一地点重复绘制不同的版本对莫奈来说并不是什么新鲜事物；他早年在勒阿弗尔时，就画过同一条街道在晴天和阴天时的不同景色，同样还有始画于 1877 年的 12 幅圣拉扎尔火车站画作。尽管如此，19 世纪 80 年代的海景画却为该方法带来了新的艺术激情。纵观 20 年的埃特勒塔的画作得以形成对照：一幅如《埃特勒塔汹涌的海》（图 122）这样的早期画作同 19 世纪 80 年代描绘同一主题的 2 幅图像——《埃特勒塔，汹涌的海》（图 109）和《雨中的埃特勒塔》（图 123）形成鲜明对比。人类活动减少并最终全部消失，且色彩变得日益鲜艳，《雨中的埃特勒塔》绘于南方之行以后。虽然想必英吉利海岸大概也总有色彩这般鲜艳的时刻，但却有人提出，蓝色与绿色的鲜艳清澈实为将地中海色调转移至寒冷的北方海水——这表明莫奈的感知从属于变化，并且在不断地学习重新观察。

图122
《埃特勒塔汹涌的海》
1868年
布面油画
66 cm × 131 cm
奥赛博物馆
巴黎

绘于同一地区同一时期的一幅阳光下的场景——《阿瓦勒的针峰和拱门》（图 124）更为明显地展现了同样的作画方法；里维埃拉的粉红色和青绿色混合在闪烁的倒影和薄纱般的云中。相比之下，绘于 2 年前的画作显得模糊黯淡，而 19 世纪 60 年代的作品则显得阴沉忧郁。这一定程度上是转用更为明亮、柔美的色彩的结果，但莫奈技巧上的重大转变也增强了这一效果。他不是以明暗的对比来作画，而是运用色彩的对比。在《阿瓦勒的针峰和拱门》中，针峰的倒影由对比鲜明的色斑组成：肉粉色、淡紫色、赭石色，所有的颜色亮度一致。这同《埃特勒塔汹涌的海》（图 122）中的白色泡

Claude Monet 1886

图123
《雨中的埃特勒塔》
1886年
布面油画
60.5 cm × 73.5 cm
国家美术馆
奥斯陆

图124
《阿瓦勒的针峰和
拱门》
1885年
布面油画
64.9 cm × 81.1 cm
斯特灵和弗朗辛·克拉
克艺术学院
威廉斯敦

Claude Monet 85

沫、深灰色天空和翠绿色海水之间的大幅跳跃截然不同，后者中的碎浪有规律地退向远处的地平线，让观者感到逐渐撤回到海的浩瀚无垠中。《埃特勒塔汹涌的海》使用了在二维中创造体积与深度的传统方法；《阿瓦勒的针峰和拱门》则显得较无立体感，因为颜色的少许使用将观众的注意力拉到了画布表面上。画作主题变得更为贫乏和简化，而莫奈的笔触也变得更有生机。

这些 19 世纪 80 年代中期画作的笔触和着色远比莫奈早期的海景画更为唐突大胆，却没有使潜在的消费者们感到反感。此时，相较于传统，一些购买画作的公众实际上要远远更为珍视创新。如果一位艺术家想保持领先，就必须保持不断地变化；“进步”的观念取代了“离经叛道”。新奇事物成为时尚，且成为 19 世纪末艺术界显著特征的各种“主义”的剧增，开创了一种独特风格本身即是畅销的局面。

错误的题材种类仍能令人不悦，但莫奈从明确的现代场景到“永恒”场景的转变以及画中人物的消失有助于让他的画作被广大观众所接受。他用色上的大胆没有了同前几十年中与之纠缠不清的政治激进主义的联系，而成了令人愉快的事物。这些新画作的装饰元素同时受到评论家和买家们的好评，毋庸置疑是一笔宝贵的资产；其明显的题材不足被看作在给观众提供愉快遐想的机会。

像往常一样，莫奈充分地意识到这些变化以及新印象派所构成的潜在威胁，后者的作品在 19 世纪 80 年代后半叶的巴黎制造了一起不小的骚动。修拉和西涅克的画作同莫奈 19 世纪 60—70 年代的作品选用了同样的地点和题材，但在技巧方面却截然不同。莫奈“游客画”（tourist pictures）中甜腻、闪烁的表面——其音乐般的色彩以及戏剧性的视角使其与新印象派“小圆点”坚固不变的平滑纹理完全相反。新一代的年轻艺术家们以同样鲜明、坚定的凝视法来描绘每一个场景，连最为生动活泼的题材也被强加了一种视觉上的乏味。相比之下，莫奈使众所周知的事物看上去异乎寻常。南方的阳光使他的绘画大为改观，不仅使图案更加丰富，还使风格更具装饰性——这种变化在类型上与雷诺阿同一时期的作品颇为相似，尽管在视觉上截然不同。

也许正是中年时期的自信使他用一种几乎可被视为倒退的方式——远离世纪中叶之“现实主义”的方式作画。他早年的偶像——布丹和戎金则更倾向于北方传统中那基于对日常生活的观察且明显针对中产阶级市场的小幅作品。莫奈那精美而奢华的新作，可能同文艺复兴以及 17 世纪的传统有关，那时的意大利及意大利风格占据了法国艺术的主流。它们华丽而精致，并大获成功。

1886 年对莫奈尤为重要。他 6 月在裴迪画廊举办的第 2 次个人展览销路很好：他的每一幅油画都卖到了 1500 法郎左右。而对他个人名誉及财富的长远未来更为重要的是丢朗 - 吕厄不顾他的反对，冒险将大约 40—50 幅画作送到美国。“巴黎的印象派”展览于那年 4 月在纽约开幕。纵使他在自己的本土上遇到过重重困难，或者可能正是因为这样，莫奈的野心依旧集中在法国本土上。1885 年夏天——那时该计划刚被提出，他曾过于激动地抱怨道：“我不希望我的画作在美国佬的土地上不翼而飞……我宁愿慎重地选择巴黎，因为首先是那里，且只有那里，还有点品位可言。”事实上，那场展览进展极为顺利，一个狂热的新市场由此打开。

丢朗 - 吕厄积聚印象派画作已久，以至他需要扩大买家规模以便最终收回他几十年来的惊人投资。结果表明，莫奈牢骚中的那些美国人既善于接纳又一掷千金，且 1887 年的第 2 次美国展览证实了这种倾向。丢朗 - 吕厄宣称：“美国人不是野蛮人……恰恰相反，他们没有我们法国的收藏家那么孤陋寡闻和循规蹈矩。”他于下一年在纽约开了一家分支画廊，且到这个 10 年结束之时，莫奈对他的美国买家们友好了许多。尽管最初那次展览导致了艺术家及其画商之间的口角，但莫奈在 20 世纪的走红却主要受到丢朗 - 吕厄的纽约画廊的推动。

最后一次印象派团体展也于 1886 年举行。莫奈没有参加，而修拉那幅里程碑式的《大碗岛的星期天下午》（图 125）在此次展览中脱颖而出。这幅画同毕沙罗和西涅克的作品一起被挂在展览的最后一个房间里，给作为团体努力之结晶的印象派画上了完美的句号。一位修拉风格的积极拥护者——评论家费利克斯・费内翁在小册子《印象派》中回顾了此次展览。他总结了这场运动的历史，通过马奈、莫奈、雷诺阿、德加和毕沙罗追溯其鼻祖，并以新印象派作为一种取代旧风格的独特现象之发展历程为结束。费内翁并不是一位特别有地位和影响力的评论家；不过，他明确地表达对印象派的大势已去的深信不疑恰好代表了莫奈决定以“游客画”来反驳的那类看法。

描绘地中海的那些画作大获成功。至于下一组画，莫奈决定选用一个截然不同的场景——布列塔尼的荒野海岸来做试验。尽管它到巴黎的距离比博尔迪盖拉或芒通要短，但布列塔尼以它的异域风情和原始性而闻名，这些注定与南方那种感官上的享受形成鲜明对比。1886 年 9 月他把自己安置在“美丽岛”上。那里是布列塔尼省的最远点之一，且众所周知地暴风肆虐。10 月，暴雨季开始，莫奈身处其中，如鱼得水。他觉得粗犷的风景和暴风雨天气相当刺激，以至他将此行由 2 周延长到了 3 个月。他每天写信安慰恼火的爱丽丝，抱怨床下的老鼠、卧室里浓浓的猪的味道以及毫无变化的饮食——“主要是鸡蛋和龙虾”。尽管资源匮乏，但他却觉得这片地区描绘起来震撼人心——用他的话总结就是“凶险恶劣却精彩非凡”。描绘布列塔尼的画面阴暗且具有感染力，且与在南部海岸所作之画（图 126）截然不同。这么做是十分慎重的。莫奈很清楚掌握多种风格的必要，他向丢朗－吕厄评述道：“做一个阳光的人没什么不好……但一个人不能只专攻于一种曲调……这一险恶的景色激发了我的灵感，确切地说，是因为它不同于那些我所习惯描绘的事物。”

图125
乔治・修拉
《大碗岛的星期天下午》
1884—1886年
布面油画
207.5 cm × 308 cm
芝加哥艺术学院

Claude Monet 86

美丽岛那有着荒凉、光秃秃的田野和陡峭不平的海岸线的地貌与里维埃拉形成鲜明对照。此外，气候也各不相同——美丽岛初冬的恶劣气候，与南部春天的初现截然相反。不过，这两组画作的对比并不仅是记录自然差异的问题。和普罗旺斯一样，布列塔尼有着自己的语言、独特的种族构成以及与众不同的当地习俗。自 19 世纪 50 年代起，它便开始引起画家们的注意。那些画家认为这里的景色激动人心（图 127）、服装别致美丽，且宗教仪式引人入胜，且都是出售给见多识广的都市观众的通俗题材——这些观众越发偏爱其

图126.左页
《风暴袭击美丽岛海岸》
1886年
布面油画
65 cm × 81.5 cm
奥赛博物馆
巴黎

图127
西奥多・古汀
《美丽岛沿岸的暴风雨》
1851年
布面油画
131.5 cm × 202.5 cm
美术博物馆
坎佩尔

展示与题材之间距离的具有讽刺意味的神圣场景（图 129）。

莫奈在此作画之时，新印象派也逐渐来往于此地——不仅有修拉和西涅克的点彩派，还有高更、埃米尔・伯纳德（1868—1941 年）和保罗・塞律西埃（1863—1927 年）所实践的“景泰蓝”画法（法语 cloisonné，英语 enamelled）。高更的《布道后的幻象》（图 128）在风格上是对神圣形象的创新变体，和莫奈的布列塔尼场景绘制于同一年；尽管题材截然不同，但它同样表现了对传达该地古老之感的渴望。和修拉一样，高更多年以来一直徘徊在印象派团

体的边缘；他同毕沙罗、塞尚和德加关系友好，并自 1880 年起开始在团体展中展出作品。但莫奈很不喜欢这个人及其作品，且他的美丽岛画作，和上个夏天的埃特勒塔风景组画一样，可能在一定程度上回应了年轻艺术家的挑战。

莫奈在美丽岛时，曾被一位在那里有座房子的澳大利亚艺术家——约翰·罗素搭讪。罗素看到他在画画，并谦卑地询问他是否就是传说中的“印象派王子”（the Prince of the Impressionists）。莫奈将他的崇拜者误认为是个美国人，但显然他的名声已远扬，甚至越过了大西洋彼岸的观众。罗素的出现表明，尽管 19 世纪 80 年代的布列塔尼无疑受到了当代性及旅游业的影响，却仍被视为荒蛮之地。高更对“原始”（primitive）的渴望使他最终来到了波利尼西亚群岛，但在阿凡桥——离美丽岛不远的地方，他也能愉快地评价：“我爱布列塔尼，我在那儿找到了野蛮和原始。”

此类公认想法的普遍流行可从 2 位画家的布列塔尼作品被画廊界野心勃勃的后起之秀——布索和瓦拉东公司所收购的事实来判定。他们的巴黎的买家是一位年轻的荷兰人——提奥·凡·高。尽管莫奈的作品能够成为合理安全的购置品是因其市场似乎已完善，然而高更的作品就是另一回事了。正如丢朗 - 吕厄曾奋不顾身地支持印象派那样，提奥·凡·高在他的哥哥——画家文森特·凡·高（1853—1890 年）的鼓励下将以同样的方式来资助新印象派。未来几年中，他也购买了不少莫奈的作品。

当莫奈在美丽岛作画的时候，费内翁曾撰写过另一篇宣称印象派已死的文章。他不合时宜地将修拉及其追随者那“科学式的严谨”拿来同印象派的优美浪漫做对比。莫奈充分了解媒体报道的重要性；他订阅了 2 份剪报，而这篇文章可能已经寄至他手中。尽管我们不能确定莫奈是否读了那篇评论，但他美丽岛的画作似乎是在迎面应对这样的指控。这些画在情绪和色彩上显得颇为阴沉，以一种全新且严谨的方式仔细观察着风景。在小岛上作画的约束条件可能有助

图128. 上图
保罗·高更
《布道后的幻象》或
《雅各与天使摔跤》
1888年
布面油画
73 cm × 92cm
苏格兰国家美术馆
爱丁堡

图129. 下图
帕斯卡-阿道夫-
让·达仰·布弗莱
《赦罪时的布列塔尼
妇女》
1857年
布面油画
125.1 cm × 69.2 cm
卡洛斯提·古尔班基安
博物馆
里斯本

于艺术家集中注意力；美丽岛油画比之前的所有“游客”组画都更加紧密地围绕在数量有限的题材上。有一组画将同一个题材描绘了6次；他在不同天气状况下，用同一个视角反复研究以“金字塔”著称的被波浪侵蚀的狭长岩石（图130）。另外5幅展示了海上的一场暴风雨。在画室里加工之后，莫奈于1887年春天在佩迪的画廊同时展出了10幅作品，献给“第6届世界博览会”——该展为不复存在的印象派团体展提供了某种替代品。他想让自己的布列塔尼画作被视为一个集合作品，不仅为了装饰效果，还为了使人对创作这些作品的观察及感知过程一目了然。

这些通过大量强烈色彩绘制的奇异画作的浪漫主义风格展现了艺术家视野的个人特性。它们结满色块的表面尽可能异于新印象派那均匀、半机械化的“点画法”和高更的平涂法领域。这些画作远比地中海场景更具戏剧性却明显没那么吸引人，但对公众来说却是同样的成功。《正义报》的评论家——作家古斯塔夫·热弗鲁瓦（1855—1926年）在展览期间发表文章，对之赞不绝口。热弗鲁瓦过去就曾给莫奈的作品以好评，并成了他的第一位传记作者。他与莫奈曾碰巧住在美丽岛的同一家旅馆，且热弗鲁瓦能够观看莫奈作画。因此，他能够以冗长、浪漫化的语句来描述莫奈的作画方式——该过程被他形容为“炼金术”（alchemy）——以拉长篇幅。这种对艺术家魔法师身份的强调是评论莫奈作品的全新方法的一部分，其中的感知过程——将视觉体验提炼为物质实体——本身就很吸引人。莫奈显然能够将颜料转换成金子。看来他的确不会犯错，且其在画商中的声望也随之上涨。

图130
《棉花港的金字塔》
1886年
布面油画
65.5 cm × 65.5 cm
第三世界基金会
苏黎世

1888年年初，莫奈回到地中海沿岸，这次他来到了安提贝，一个有着壮观海岸线的欣欣向荣的小镇。新的地点再次意味着策略的改变；他写信给爱丽丝：“在可怕的美丽岛之后，这次的画风将会更加温柔，这里只有蓝色、玫瑰色和金色。”不过，长期同疤痕累累且强劲有力的布列塔尼风景的接触，改变了画家个人对风景的偏好；

他曾被丢朗－吕厄誉为“阳光画家”，如今却发现，他甚至连南方春天的亮度都几乎无法驾驭。他在给贝尔特·莫里索的信中抱怨道：“它太难理解、太微妙、太脆弱……尤其对于像我这样倾向于艰险题材的人来说。”

尽管疑虑重重，但他仍设法高效作画，成果颇丰，且新画作于6月4日展出，创下了时间纪录。艺术家从海边回来不到1个月，提奥·凡·高在布索和瓦拉东画廊展出了“安提贝的10幅海景画”（图131）。由于这些作品刚从画架上取下来，且该标题宣布了其为数量有限的珍稀物，因而莫奈的第一场致力于单一地点的展览取得了轰动性的成功，也由此开启了在一年之中数次出售及转售画作的行动。莫奈确保了他与这家特殊画廊的合同能使他分得所有转售利润的一半份额；由于一幅画的价格在8天之内从1300法郎涨到了3000法郎，因而该条款值得包含其中。

尽管这些有着刺眼光芒和宝石般色彩的画作无疑令人向往，但是经济价值的突然上涨并不能纯粹按照视觉吸引力来解释。“莫奈”已成为一个著名品牌，而他的画作如今是投资对象；作品转售大多在职业画商之间完成，他们十分清楚操控市场以提高价格的方法。尽管莫奈可能是新型艺术市场上最受瞩目的受益人之一，但他并不是唯一的一个。所有的印象派画家都开始取得更好的收益。

为何是莫奈，而不是像塞尚这样的艺术家在19世纪80年代末变得如此受人喜爱？这其中必然有原因。他的画作较容易理解，且买家们不需要像信奉塞尚那样去信奉他。莫奈的风景画舒缓而优美，被视为真正的法国艺术。它们看上去也无关乎政治和疑难，即便是绘于大动荡时期——那时的政府似乎正步履蹒跚地从一个危机陷入另一个危机；的确，热弗鲁瓦是将安提贝展览作为当时时事压力之下的一剂解药，推荐给《正义报》的读者们。

1889年2月，莫奈和热弗鲁瓦一同旅行，来到法国的心脏——中央高地。此行原计划为拜访热弗鲁瓦的一位朋友——诗人毛里斯·罗里纳，后者将他们安置在弗雷斯里纳的家中。罗里纳是当地人，他带着2位访客到克勒兹河谷附近长途远足。继安提贝的温和之后，莫奈已准备好描绘另一个艰险题材——这似乎是一种优美的南部场景与更严酷、更宏大的题材交替出现的模式。他赞许地记录下克勒兹河的“真正的狂野”，且仅在从吉维尼收集材料时停留了一下，便开始了为期3个月的绘画活动。这是他5年中的最后一次重要旅行。中央高地为他这10年的绘制法国风景计划画上圆满的句号；曾在北部、南部及西部海边作画的他如今从国家的边缘一路来到了心脏地带。

在3—5月，他绘制了24幅油画，它们成为他19世纪80年代最后一批重要作品。尽管形式上截然不同，但风景那沉郁而几乎带有威胁性的情绪，使莫奈想起了美丽岛；如美丽岛的绘画一样，克勒兹组画在极为专注的状态上产生。简单的主题被一再重复：它附近的河床和岩石出现在不少于10幅作品中，且全部出自同一个角度。画家对不同寻常的颜色的使用烘托了这些基本的有机形式的不变本质（图112、图132、图133）。莫奈以尖刻讽刺的语气谈到，他认为这些完成的作品表达了“悲伤”；不过，它们甚至比安提贝组画还要受人欢迎。

克勒兹组画是莫奈专门与题材密集接触之后的产物，也是其焦虑的返工过程的成果，这使得他在作画的缓慢节奏突然赶上季节变化时，不断咒骂大自然的力量。这是一组严肃的画作；其数量众多且体积庞大，可被视为对修拉那些同样宏大的作品的机敏回应，虽然那汹涌的笔触与点彩派的细致精准极为不同，它们有意识地展现了独特的艺术激情。不过，莫奈在克勒兹的急流和被风摇曳的草木中所发现的能量既被艺术家所厌恶，同时又是其灵感的来源。《小克勒兹河》（图133）中的树已开始发芽，然而艺术家还是给它画上了光秃的树枝。莫奈对这一威胁着此画及使用同一主题的其他4幅画之构图平衡的景象感到震惊，遂与树的主人协商，用50法郎作为

图131
《米斯特尔的安提贝海岬》
1888年
布面油画
66 cm × 81.3 cm
美术博物馆
波士顿

图132
《黄昏时的克勒兹》
1889年
布面油画
73 cm × 70 cm
安特林登博物馆
科尔马

图133
《小克勒兹河》
1889年
布面油画
65.9 cm × 93.1 cm
芝加哥艺术学院

补偿，请2位工人剥去树上的大部分芽苞。由此除去了这一展示自然界之凌乱的恼人之物，他才能够完成画作。尽管该插曲显然说明，众多对莫奈忠于眼前景象之随意特征的描述显然并不准确，但它也证明了，对他来说，将主题呈现于眼前是多么的必要；在画室阶段通过记忆再加工将是不可能的。观察瞬间与回想思考之间的权衡十分微妙。

被此次格外费劲的绘画活动搞得筋疲力尽的莫奈准备巩固自己的成功地位。1889年的法国大革命100周年以另一场世界博览会为标志，包括一连串国家赞助的艺术展览。莫奈有3幅作品在100周年展览上展出，并被授予官方勋章——但被他拒绝了。实际上，较之重要得多的是同雕塑家奥古斯特·罗丹（1840—1917年）的一场联合展览，该展览于6—9月在佩迪画廊举办——这对于一场私人展来说，持续时间出奇地长。该展览设定在与吸引着大批外国游客来到巴黎的世界博览会同时举办，通过将近150幅作品和长达90页的参展目录，实际上提供了一场对19世纪60年代以来的莫奈作品的回顾。许多作品都是暂借来的，但其他一些——特别是较新的画作，是用于出售的。超过一半的参展作品都是在近10年内完成的。此次展览展示了艺术家长期的不懈努力和持久的创造力。它是一场商业兼艺术上的成功，为这关键的10年带来了一曲响亮的最后乐章。

19 世纪 80 年代莫奈的四处游历被家庭生活的全新稳定所平衡，这种稳定不仅源自他同爱丽丝·奥修德及其孩子们的关系，还源自一个特别的地方——吉维尼。1883 年春天，莫奈发现了一所他愿在此度过后半生的房子。它叫作普雷苏瓦——“苹果榨汁机厂房”（the house of the cider-press），并且他在肥沃的塞纳河谷所设计的花园渐渐变得对他越发重要，两者既是庇护所，也是绘画题材。自 19 世纪 70 年代起，他便开始从城市生活及公共生活中隐退，且在生命中的最后几年里，几乎不曾离开吉维尼。

图134
莫奈在吉维尼家中的餐厅里

莫奈从未真正喜欢过普瓦西，且于 1883 年年初便开始寻觅更称心的地方。在吉维尼，他发现了完美之处（图 135）。这个村子很小，但相对繁荣，且铁路、公路及水路交通都相当便捷。其周边的乡村土壤肥沃。吉维尼位于塞纳河的一条支流——埃普特河和一条小溪附近。该村的东—西向排布方式意味着这里有吸引莫奈的持续、温和的光线。在这 10 年剩下的时间里，吉维尼的稳定抵消了他旅行绘画的奇特题材，且全新的视线范围恢复并加强了他对熟悉之处的认知。

19 世纪 60 年代末，当莫奈还同卡米尔和让生活在埃特勒塔的房子里时，曾写信给巴齐耶：

我很快乐……我像一只养尊处优的猪，在此被我所热爱的一切所围绕。我把时间花在户外，而晚上，我的朋友，我在我的小房子中得到了一束温暖的炉火和一个美好的小家……我享受着最完美的宁静……我希望我可以永远地停留在此时此刻，如此栖息在大自然安静的一隅。

在吉维尼，他和爱丽丝创造了完美的家庭环境，他们在绚丽的花园中有一间朴素却美丽的房子，周围是河边平静的乡村风景。这一举动将他们那看似进展得相当随意的关系公之于众；尽管他们直

到 1891 年厄内斯特去世以后才结婚，但爱丽丝·奥修德同莫奈及莫奈的 2 个孩子共建家庭的决定明确了她联姻上的转变，并且她此前便已常常被称为“莫奈夫人”。

她和莫奈对吉维尼领土有着同样的所有权；早年，她的津贴大多用于抚养费（最初的举措是从丢朗－吕厄处贷款，且不止一次），且在吉维尼的头 10 年中，莫奈经常长期在外。当然，爱丽丝不是被留下一个人照顾 8 个孩子：有女佣、厨师和园丁帮忙维持秩序，但若没有她的不断出现，莫奈将不可能像他 19 世纪 80 年代那样作画。

吉维尼所提供的安全感使他能够完全专注于游客画，而当他回去居住时，整个家庭都以他的需求和情绪为中心。

爱丽丝的第 2 个儿子让 – 皮埃尔后来回忆起那靠钟表发条来组织的用餐时间（午餐开始于 11 点半，晚餐开始于 7 点），以及若让主人在铃响 2 声后继续等待那可怕的愠色（图 134）。莫奈生气时犹如黑幕笼罩整座房子，影响了房子中遵守其工作节奏及要求的所有居民。恶劣的天气或失败的画作可能导致他好几天拒绝下床，而每个人都仿佛死神降临一般在房子里蹑手蹑脚。他同爱丽丝的关系充满激情，且偶尔带有戏剧色彩；有时他怒气冲冲地离开家，到韦尔农附近的旅馆过夜。不过，不管有怎样的不足，吉维尼的家对这个联合家庭的所有成员都有着强大的吸引力，随着他们长大，甚至产生了复杂的关系（图 138）。也许这一定程度上是由于他们自身联盟的不规则身份以及莫奈作为画家的非传统职业，他和爱丽丝对他们已成年的孩子施以权威控制，拒绝让女儿们嫁给看起来不够结实的男人，并向儿子们强调正当职业生涯的重要性。

图135
吉维尼村庄
《乡村生活》
1933年

莫奈最年长的儿子——让在瑞士学习化学，随后给他的药剂师叔叔——莱昂担当学徒。1897 年，他回到家中，同奥修德家的第 2 个女儿[①]——他那异父异母的姐姐布兰奇结婚。他们搬到了附近的一所房子里，在她母亲去世和让的早逝之后，膝下无子的布兰奇回到了吉维尼，并在这里度过了余下的时光。雅克・奥修德成了一名造船师，并去了挪威，他在那儿娶了一位当地的寡妇，并获得了一位继女——安娜・伯格曼（图 136）。他继承了厄内斯特那缺少商业智慧的头脑，且不断需要其长辈们的资助以摆脱困境。和让一样，他婚后也在吉维尼住了很长一段时间，莫奈在此为这两对年轻的夫妇将其中的一间画室改造成了 2 间特别的公寓。让 – 皮埃尔・奥修德被送到佩里戈尔学习农业，与他母亲的朋友们待在一块；他娶了

① 此处原文为“the third of the Hoschedé girl”，但实际根据家谱来看，布兰奇应为奥修德家的第 2 个女儿。

卡米尔·汤希尔（1847—1879年） m（1）（1870年） **克劳德·莫奈**（1840—1926年） m（2）（1892年） 爱丽丝·莱果（1844—1911年） m（1）（1863年） 厄内斯特·奥修德（1838—1891年）

卡米尔·汤希尔与克劳德·莫奈之子：

- 让（1867—1914年）m.1897 布兰奇·奥修德
- 米歇尔（1878—1966年）m.1927 加布里埃勒·波拿芬切

爱丽丝·莱果与厄内斯特·奥修德之子女：

- 玛尔特（1864—1925年）m.1900 西奥多·巴特勒
- 布兰奇（1865—1947年）m.1897 让·莫奈
- 苏珊娜（1868—1899年）m.1892 西奥多·巴特勒
- 雅克（1869—1941年）m.1896 英格·约根森
- 杰曼（1873—1968年）m.1902 阿尔伯特·萨勒鲁
- 让-皮埃尔（1877—1961年）m.1903 吉娜维芙·考斯塔德

*注：m=结婚

他们的女儿——吉娜维芙·考斯塔德，并成功地为自己创造了相对独立的生活。他晚年时出版了一本关于艺术家的回忆录——《你所不知道的克劳德·莫奈》（1961 年）——我们所知的关于吉维尼的生活的信息大多来源于此。

米歇尔·莫奈——卡米尔的小儿子对内燃机很感兴趣；他和让－皮埃尔似乎把早年的大多数时间用于发明如汽油驱动自行车这样的机械。男孩们怂恿他们的父母购买汽车，而难以置信的是，莫奈和爱丽丝晚年都成了赛车迷（图 137）。米歇尔·莫奈成年之后前往非洲狩猎；他也画画，不过这一直是个秘密。他娶了艺术家的一名模特——他的父亲并不赞成，但这仅仅发生在他中年后期——在父亲去世以后。他作为原始吉维尼部落的最后生还者，渐渐使这里变成废墟。尽管他 1966 年去世时（死因为驾驶事故）把它留给了国家，但这里的情况如此之遭，以至存放于此的画作都被转移到了巴黎的马蒙丹博物馆。

图136. 左上
在第二画室里的莫奈（中间）以及雅克·奥修德和安娜·伯格曼

图137. 右上
莫奈在他的潘哈德-勒瓦索尔车中
约1901年

图138. 下图
莫奈-奥修德家谱

20 世纪 70—80 年代，房子和花园被由莫奈爱好者组成的委员会（主要是美国人）花大笔资金进行修缮；尽管吉维尼只包含莫奈画作的复制品，但却成了法国被访问次数最多的景点之一——已然成为凡尔赛宫的竞争对手。这一现代现象并不如乍看上去那般罕见。吉维尼在莫奈搬去几年之内，便成了艺术家们所热衷的目的地。这些人中的第一批于 19 世纪 80 年代抵达；他们大多是美国学生，放弃了自己在巴黎的画室，来到这个迷人且价格实惠的地方过夏天。自 19 世纪末开始，吉维尼便已顺利地在获得其今天所享有的朝圣者—圣殿之地位的道路上发展起来。

这里吸引艺术家们的未受破坏的魅力很快便开始消失。1887 年当地的咖啡馆变成了旅馆，且小杂货铺开始提供如英式茶、棉花糖和枫糖浆这类的新奇之物，以及画框、画布和画笔。10 年之内，村庄中心处已建立了网球场，并且法国的游客们抱怨道，想要加入吉维尼社交生活，英语是所有人必备的语言。艺术旅游业补充了作为当地支柱产业的农业；尽管有些富裕的亲法美国人夏天在附近买下房子，且可以一并买到莫奈刚从田野中画好的画，但其他人却是来学习如何制造它们的。受丢朗－吕厄在纽约开设分画廊的刺激，莫奈的作品在美国格外流行，且人气不断上涨，这意味着年轻的美国艺术家都很熟悉他的作品，也很清楚其畅销程度。他的许多画作如今可以在普雷苏瓦宅邸的隔壁——1992 年成立的美国艺术博物馆见到。

莫奈无法容忍门徒，尽管他起初对这些新来者怀有好感，但却发现美国人越来越麻烦。没几个访客真正具有天赋，且他们大多数人创造的是模仿莫奈的恼人之作——没完没了地画干草堆以及阳光

下田野的矫揉造作之景象。胡搅蛮缠的准客人接二连三地出现在房子里。在这番狂热进行得如火如荼之时，莫奈感到自己再也无法在户外作画了："我没法在看不到好奇的（美国人）围着我的地方进行研究。画架和太阳伞像蘑菇一样在花园四周发芽，我很气愤，并认真地考虑过收拾行李离开这里（图 139）。"家中的年轻成员们大概很享受这一切喧嚣，且不止一位美国男士看上了房中的女儿们。一位长期定居的居民——西奥多·巴特勒近水楼台先得月，先后娶到了 4 个女儿中的 2 个。第一位巴特勒夫人是苏珊娜，她是莫奈最喜爱的模特。

可想而知，不情愿将画作转让给美国人的莫奈，听到要把一位

家庭成员送到那里的主意时惊呆了。尽管莫奈和爱丽丝真的都很喜欢巴特勒，却都不情愿撮合这段姻缘。不过最终，一连两段婚姻标志了他们的许可。厄内斯特·奥修德于 1891 年去世，临终阶段由爱丽丝看护，且死后被葬在了吉维尼——爱丽丝，然后是莫奈最终都与他合葬于此。他的离世使得莫奈和爱丽丝于 1892 年 7 月低调地举行了他们自己的婚礼，比这对年轻人早了 4 天。这意味着，莫奈作为苏珊娜的正式继父，能用传统的方式给她送行。婚礼堪称一件真正的吉维尼韵事：爱丽丝是虔诚的天主教徒，但莫奈是无神论者，他同当地牧师阿贝·杜桑的友谊建立在园艺而非宗教的基础之上。尽管如此，他还是在村中所有画家的注视之下，把戴着面纱的苏珊娜从市政厅带到教堂。

这段婚姻和接下来的那些事情并没怎么削弱莫奈一家之主的地位；正相反，随着新一代孩子的出现，这仅仅扩大了该家族的圈子。2 个小巴特勒——詹姆斯（又称吉姆）和爱丽丝（又称莉莉）主要在外祖父母的家中被抚养大，而非其父母附近的房子中，因为苏珊娜在女儿出生后不久便患上了一种退行性麻痹症。她于 1899 年去世，且西奥多·巴特勒于 1900 年 10 月迎娶了她的姐姐玛尔特——实际上，玛尔特已照顾他们的孩子多年（图 140）。奥修德家的女人显然有强烈的家庭责任感；在 1911 年莫奈第 2 次成为鳏夫之后，布兰奇和玛尔特都觉得在莫奈的家庭中代替母亲是她们义不容辞的责任的一部分。所有的女儿中，只有最小的杰曼可以说是真正从这个氏族中“嫁了出去”。她第一次恋爱是和童年的伙伴——画家西斯莱的儿子。莫奈和爱丽丝认为这位一文不名的准发明家——皮埃尔·西斯莱配不上他们的女儿。杰曼被打发到法国南部，在那里她正式嫁给了律师阿尔伯特·萨勒鲁。他们最终在巴黎定居，他们的两个女儿——妮提娅和茜茜可以在吉维尼家庭相册中的许多照片里见到。

图139
厄内斯特·阿赫
《在户外工作》
1888—1889年

从 19 世纪 80 年代中叶起，莫奈的画中便日益可以见到爱丽丝

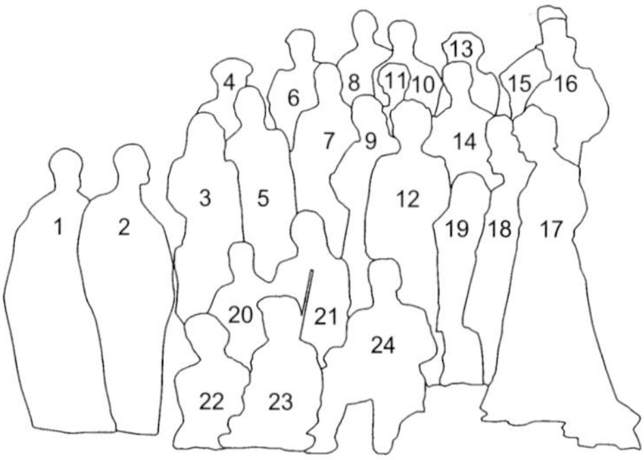

1.伊莎贝尔·帕格尼
2. 约瑟夫·帕格尼
3. 安娜·伯格曼
4. 克劳德·莫奈
5. 爱丽丝·莫奈
6. 玛尔特·奥修德-巴特勒
7. 让·莫奈
8. 西奥多·厄尔·巴特勒
9. 布兰奇·奥修德-莫奈
10. 让-皮埃尔·奥修德
11. 玛德琳·帕格尼
12. 让娜·西斯莱
13. 爱丽丝·莱果-佩鲁斯
14. 费南德·奥恩朵夫
15. 卢西恩·莱果-佩鲁斯
16. 阿希尔·帕格尼
17. 杰曼·奥修德
18. 苏珊娜·莱果
19. 爱丽丝·巴特勒
20. 阿贝·杜桑，吉维尼的牧师
21. 英格·约根森-奥修德
22. 杰曼·莱果-佩鲁斯
23. 詹姆斯·菲利普·巴特勒
24. 皮埃尔·西斯莱

和孩子们的身影。不过，莫奈受到布列塔尼、诺曼底和南部的绘画活动中的持续变化场景的挑战和刺激，花了些时间去适应自己房子周边地区的不同规模和气氛。实际上，直到 1884 年夏天，他才开始认真描绘它。尽管他完全熟悉当地风景那雄浑有力的轮廓——毕竟，他一生中大部分时间都在画塞纳河谷——但吉维尼细微的特殊之处还需要仔细研究和探索。1883 年，他在向丢朗 – 吕厄请求协助此举的信中写到这里的前景：“我希望一旦安定下来，就可以创造杰作，因为我非常喜爱这里的风景。”之后的 40 多年里，它几乎成了他主要且继而唯一的题材，但适应环境的必要过程却颇为耗时。他所寻找的主题类型在某些方面与游客画中那壮观而“典型”的题材正相反；在吉维尼，他发掘着隐蔽、低调的题材，总是寻找“不那么如画般美丽”的事物。他通过步行、乘船进行探索，渐渐熟悉了田野中的每一块洼地以及小河的每一个转弯处，他相信“一个人总是需要花些时间来熟悉新的风景”。

图140
西奥多・巴特勒和玛尔特・奥修德婚礼上的客人
吉维尼
1900年10月

莫奈 19 世纪 80 年代的游客画有意计划要拓宽范围，他一旦使自己成为一名能搞定整个法国的艺术家，就能够把来自吉维尼的场景加入到展览中，而无须冒着被归为江郎才尽者之奇迹的危险。它们的魔力不足如同一剂止血剂，与那些珠光宝气、富有戏剧性的海边图像形成鲜明对比。

他自 1885 年开始描绘吉维尼的田野。在这些引人入胜的画作中，艺术家似乎在摸石过河，探索着将令人真正为之着迷的当地特征：的确，干草堆或小麦堆以及排排树篱在下一个 10 年中成了其大型组画的独有主题。尽管他的题材是众多风景画家所熟悉的乡村主题，但他在开始加深对其房子周边的普通乡村的理解时所带有的艺术激情却完全属于他自己（图 141）。这是一种基于有关该地的深刻认识，以及了解光线在白天不同时刻的变化方式的艺术激情。莫奈从中逐渐意识到那些易变且偶然之因素——天气、季节及光线的重要性——其影响了那些本身并不值得注意的景色，是一个同历史画家所描绘的那些歌颂英雄的宏大主题一样值得记录的题材。有意也好，无意也罢，他的此番行动渐渐取代了那些历史画家的位置。

之后的 2 年中，莫奈画了许多带人物的风景画，总是用家庭成员当模特。不过，他没怎么画过男孩们，或许是因为他们没有太多闲暇；年长的 2 个男孩经常外出，而小的那些可能会坐不住。另一方面，玛尔特、布兰奇、苏珊娜和杰曼在家中受过良好的教育，且大多数时间都花在如做针线活儿、划船或在花园里读书这样的消遣活动上。苏珊娜是莫奈最喜欢的模特，且他于 1886 年画了 2 幅描绘她撑阳伞时的画作，其中的造型在故意重复 1875 年卡米尔的一幅肖像——《打阳伞的女人》（图 142）。这 2 幅画之间的比较再次展示了他对模特态度的转变有多么翻天覆地：在早期的那张画中，卡米尔的表情被描绘得很清楚，而苏珊娜的特征却是简单得一片模糊（图 143）。后来的 2 幅画以一种告诉观者不要试图寻找人物性格及故事的方式来命名。他们被简单地称作《户外人物研究，朝左》以及《朝右》。它们在展出时使用这些标题，将观众的注意力引向艺术家所越发执着的形式至上——构图、平衡、和谐及色彩的问题上。

图141
《罂粟花田》
1890年
布面油画
60 cm × 100 cm
史密斯学院
北安普敦
马萨诸塞州

这些画作中的人物几乎都难以辨认，且常常像《白杨树下的阳光效果》（图 144）中那样不露身份。尽管奥修德家的女儿们确实甚至在长大以后也往往穿得很像，而 2 个小男孩通常穿着相配的服装，但莫奈把他们画成无明显特色的乏味火柴人的理由，可能与他对风景与人物存在间关系的态度上的普遍转变有更大关联。虽然他 19 世纪 60—70 年代画作中的人物往往单调乏味且难以理解，但是他们通常与观者之间有着更远的距离，且卡米尔，至少往往具有显著的特征。不过，到了 1887 年，莫奈在写给迪雷的信中表达了对“根据我的理解，像画风景一样在户外画人物”的渴望，即以展现他们的物理属性的方式，而不涉及任何种类的情感交流或心灵接触。如果我们相信当时的一个传闻的话，爱丽丝对这样一种方法的优点心

存疑虑，而当莫奈表现出对用专业模特绘制裸体的兴趣时，她否决了这个想法，声称“如果有模特进到这座房子里，我就离开”。幸运的是，她和她的女儿们多多少少永久性地提供了5个衣冠整齐的女性形象，且夏天期间，她们多半时间都在户外——特别是在河边。

莫奈在搬迁之前曾一度拮据，且一家人搬到吉维尼时并没有带很多财产；甚至在莫奈晚年已经极其富裕了很多年的时候，房子的陈设都十分简单。不过，在1883年，他们的“必需品”包括了4条小船——2条桃花木船橹，大型划艇或挪威船，以及莫奈用来画了不少河景画的画室船。用驳船将它们拖到塞纳河上一处合适的地点——荨麻岛，从此它们便成了夏季里一家人集中出现的地方。马奈曾把莫奈称为“水的拉斐尔”，而吉维尼的主要吸引力之一必然是它临近的2条河。在1887—1890年，莫奈创作了许多描绘奥修德家的姑娘们漂浮、钓鱼、划船或仅仅在家庭船只里漂流的画作。

图142. 218页
《打阳伞的女人》
1875年
布面油画
100 cm × 81 cm
国家美术馆
华盛顿

图143. 219页
《户外人物研究，朝左》
1886年
布面油画
131 cm × 88 cm
奥赛博物馆
巴黎

图144
《白杨树下的阳光效果》
1887年
布面油画
74.3 cm × 93 cm
州立美术馆
斯图加特

这些抒情的画作不仅是对现代化水中女仙的浪漫召唤，也展示了莫奈对水面及其双重属性——透明度与反射率的日益着迷。他这一阶段最有名的画作之一《划艇》（图145）是该系列的最后一幅作品。这可能是一幅未完成之作，因为其所展示的船只是空的；画中没有地平线，且迷失方向的观者被迫将注意力集中在清澈、黑暗的河水，以及像鳗苗般云集的水下植物中。这幅画同前10年一幅题材类似的《画室船》（图79）的对比展示了莫奈兴趣的变化：他开始看向水中，而不再看向对岸。他在1890年描绘这些吉维尼划船题材之时，曾写信给热弗鲁瓦：“我又一次开始画不可能完成之物：河水随着水草在深处漂动……这看似不可思议，但足以令人抓狂。”他想要捕捉更为转瞬即逝的效果——特别是水上的光线的变化样式，并在生命最后的20年里专心于这样的尝试。

莫奈在吉维尼附近地区绘制的第一批画集中反映了河流上游不远处的教堂和韦尔农村庄。首批韦尔农画作如《韦尔农教堂一景》（图146）让人回想起画于维特伊的类似题材。这些画和他19世纪

80 年代的海边之作也有些许相似：它们同样是直接看向主题，将观者置于水中央，而非安全地置于岸上，并且画面通常有着很高的水平线，或者完全没有。河流依然使莫奈着迷：19 世纪 80 年代末的作品，如《埃普特河的转弯处》(图 147)，展示了一个未知的、封闭的世界——一条没有捕鱼人、洗衣女工也没有交通的河流。同样，岸上的田野中也没有村民；这些画面中鲜花盛开，且居民仅由漫步其中的莫奈—奥修德家中成员来充当，这使它们看上去似乎仅仅是房子及茂密花园之私生活的一种延伸。

莫奈始终热爱园艺——在他搬到吉维尼之前，大约有 1/8 的画是有关花园题材的。不过，住在租来的房子里，他不能从事任何以园艺为主的设计。在吉维尼，特别是在 1890 年买下房产之后，他便能够将他描绘花卉的乐趣转化成对三维构图的规划，并且他那花费多年心血及大量开销而创建的花园——其本身即被理所当然地视为一项杰作。

图145
《划艇》
1890年
布面油画
146 cm × 133 cm
马蒙丹博物馆
巴黎

1883 年，普雷苏瓦有一个常规的诺曼底式厨房花园、一个果园和许多树篱，莫奈和爱丽丝对此都极不喜欢。树篱很快便消失了，但花园多年以来依然替代着他们的餐桌，直到他们买下了第 2 处房产——附近的“蓝房子”来填补这一重要角色，且普雷瓦西附近地区可以全部留给那些更为超凡的乐趣。莫奈将当地品种和昂贵的外国植物结合起来，并最终装好了 2 座温室。一位曾在吉维尼跟莫奈做了 10 年邻居的美国作家兼艺术家——丽拉·卡博特·佩里回想起莫奈、爱丽丝和女孩们曾在温室过夜，以确保温度控制系统正常运行。全家人都参与了进来，园艺已成为那些在家接受教育者之课程的一部分。在他们的家庭教师阿贝·杜桑的帮助下，米歇尔和让－皮埃尔制作了一本当地草木指南，并研制了一种新的杂交罂粟——如今显然输给了园艺师们。几年之后，由 6 名专业人士组成的园丁团队接管了花园的日常运作，接下来便培育出了一种向爱丽丝致敬的鸢尾花——“莫奈夫人”。

莫奈退出城市生活而隐居到自己的私人花园是法兰西第三共和国更为普遍的现象中的典型特征。在对政治生活普遍不再抱有幻想的氛围中，内向型的消遣活动——如室内装修、艺术收藏和园艺变得越来越流行。1887 年，一家园艺杂志《园丁》的编辑在其创刊号中写道："花卉和植物在过去的任何时代都不曾像现在这般广受欢迎；它们在我们所有的仪式上担当主角，参与我们的节日……它们的大量栽培成了不少原先特困地区的收入来源。"和许多风景画家一样，莫奈有时也在天气不适于户外工作的时候着手于静物写生。这类作品一直卖得不错，并且他最初便打算将吉维尼的花园，作为描绘刚采摘下来的鲜花的来源。不过很快，花园自身便成了一件艺术品，而他也开始视之为绘画的完美主题，因其拥有田野和小山所无法比拟的可塑性。

吉维尼的花园茂盛且四处蔓延，与法国常见的传统、正规庭院截然不同，而"水花园"则意在营造一种日式氛围。花园同房子及其居民一样，将普雷苏瓦从对莫奈之计划抱以纯粹疑心的老吉维尼人中脱离出来。

图146
《韦尔农教堂一景》
1883年
布面油画
64.8 cm × 80 cm
山形艺术博物馆

1893 年他申请将小溪的水引到他刚刚在附近田野买下的池塘里。他想要建一个睡莲池，其中要种的许多罕见植物都需要新鲜水源和细心照料。村民们用该河的河水喂牛兼洗床单，他们中有许多反对意见，最后的协商结果使莫奈勃然大怒。他从鲁昂给爱丽丝写信说她应该直接把植物扔到河里，但最终池塘计划得以进行，甚至在 1901 年和 1910 年分别扩建了 2 次（图 148）。事实上，对村民来说，抗争这个不可逆转的改造过程为时已晚，随着打网球的美国人、漂亮的巴黎人的到来，古怪休闲设施和服饰的出现——那里的小男孩戴粉红色的帽子，且所有人——从爱丽丝到厨娘，都将一家之主称为"莫奈"，这种改造已经在顺利进行当中。莫奈同吉维尼社区的关系大多牢牢地建立在金钱的基础之上。在他为了阻止一排树在他完成绘画之前被砍掉而买下它们之后，或许当地农民觉得出

Claude Monet 88

图147
《埃普特河的转弯处》
1888年
布面油画
73 cm × 92 cm
费城艺术博物馆

于公平应要求他先付款再画他们的田野并不意外。毕竟，他画自己所拥有的东西时显然很快乐；正如塞尚回忆起 1894 年到访吉维尼时嘲讽地评价道：“莫奈是伟大的君王，他用他所喜爱的干草堆来款待自己。如果他喜欢一片小田野，就会买下它。”

莫奈实际上创造主题的方式可以在花园的开发中清楚地看到。他于 1890 年同意买下这所房子，以 22000 法郎的价格在 4 年里分期付款。这笔款项总额还不到他最近几幅画作的价格，并且他可以有足够的钱来支付庭院中的大笔投资。吉维尼的花园在今天被视若

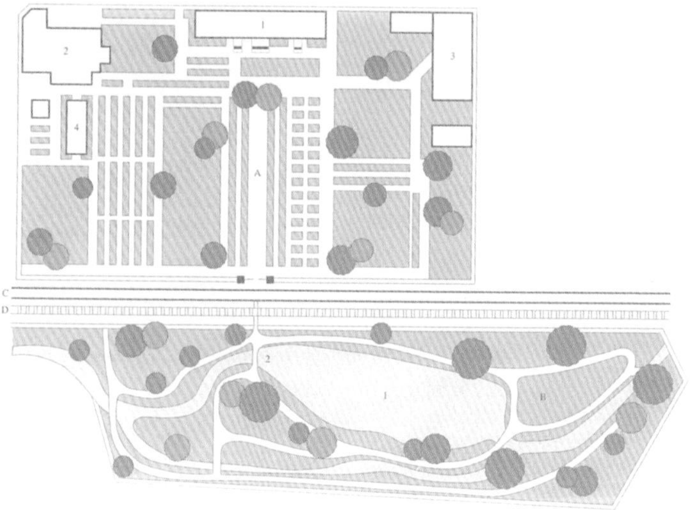

图148
吉维尼
花园的最终定型示意图
A.“大花园”
1. 房子
2. 第二画室
3. 第三画室
4. 温室
B. 水花园
1. 睡莲池
2. 日本桥
C. 通往韦尔农的路
D. 铁路

珍宝，不仅因为其本身的美丽，还因为将其拿来同艺术家的画作比较时的魅力。花园随着新计划的完善，便开始以主题的身份吸引着他（图 150、图 151），且花园作为题材与其本身作为艺术品的界限日益模糊起来。睡莲池计划最终得到批准以后，画家甚至进一步扩张了个人领域，且老花园中那艳丽的花坛最终与马路另一边有圆拱桥的水花园那更为朴素的“日式”风格形成互补。花园本身变得世界闻名，吸引了远自日本而来的访客（图 152）。考虑到他们汽车上的灰尘可能破坏水生植物，莫奈便出钱在那条路上铺上沥青。

今天的花园是基于照片、笔记、书面描述，以及曾在它鼎盛时期见过它的人们的回忆的一个重建品（图 149）。关于它的那些不同寻常的复兴故事由薇薇安・罗素记录，且明确阐述了花园为大众旅游而被改建的方式。莫奈的花园只在夏天的几个月里开花，而如今游客们要求在整个季节里看到花的展现，以及一年四季接连不断的作品所达到的“自然”外观。曾经的家庭花园如今一年容纳着 50 万人，他们都渴望近距离看上一眼艺术家的家庭生活。电围栏小心地防护着日本花园中的竹子丛，然而小房子前有源源不断的游客来

图149
吉维尼，通往房子的壮观林荫小径

回上下狭窄的楼梯。带着游客视角的画家的住所本身也成为一个旅游胜地，这是不失为其本人所完全熟悉的一种现象。

随着莫奈的名声渐长，越来越多的崇拜者和评论家来到吉维尼。莫奈总能意识到好的公众宣传所带来的商业潜力，并用一场精心策划的演出来招待重要的访客，同时用上好的午餐来作为吉维尼之魅力与亲切的补充。在这之后，这些访客便愿意相信艺术家选择告诉他们的一切，并乖乖地复述“户外是他唯一的画室”——即便这与所有的证据相左。随着莫奈 19 世纪 80—90 年代的市场份额迅猛飙

Claude Monet

图150.左图
《玫瑰大门》
1913年
布面油画
81 cm × 92 cm
凤凰艺术博物馆
亚利桑那州

图151.右图
在画室中画玫瑰大门的
莫奈
1913年

升，他继续凸显着自己作为一个单纯的自然界观察者的立场。他反复强调自己仅仅记录所见之物，且其风格大致只是一首根据自然感知而精心谱曲的交响乐。不过，他的看法是他自己的，且即使再多的研究和模仿也不能与之相配。1894 年，西奥多·罗宾森讲述了莫奈同一位年轻画家之间的会晤，这位热切的画家在给莫奈展示另一幅模仿其风格的风景画。“莫奈问道：‘你真的能看到那样的大自然吗？’”当这个天真的准学徒予以肯定回答之时，莫奈简短的反驳扑灭了他的热情：“不可能，我亲爱的朋友，那是我所看到的。”

他的一些老同行以反对的眼光看待他 19 世纪 80 年代的画作，认为他愤世嫉俗、琐碎平庸且在构思之初便满脑子想要商业成功——正如德加所言：“一位技巧娴熟却不够深刻的粉刷匠。”莫奈意识到了这些危险，向丟朗 - 吕厄坚称他在把他的画作送去出售之前，需要将它们分组来仔细思考，以免落入鲁莽的陷阱而仅仅成为“一个绘画机器”。该思考的过程在画室中进行，通常要花上几周甚至几个月的时间。这并不仅是形式而已。某些油画被重新加工，其他的则被扔掉，也有若干幅被彻底销毁。莫奈的画作越发呈现出直接观察与回忆之间的平衡，而随着他更愿意涉及吉维尼或花园内部近在咫尺的题材，户外工作就变得没那么必要了——尽管它依然是莫奈神话的一个重要部分。甚至到了 1897 年，当毛里斯·古利莫特为《画刊评论》而采访莫奈时，他觉得有必要将自己审视《塞纳河上的早晨》的那间屋子称为“展览室”而非“画室”，“因为一名描绘自然的艺术家只在户外作画”。

1899 年，一间特地建造的大型画室取代了古利莫特所见到的那间被改建的谷仓，这明确表示，尽管莫奈极力否认，但越来越多的绘制工作都是在室内完成的。晚期吉维尼油画的规模以及艺术家的日益衰老使他不可能再做出画《花园中的女人》时的那种英雄式的外光派举动，与此同时，莫奈对主题的看法也发生了重大转变。他艺术中真正的表现对象不再是有形世界，而是通过艺术家的注视的

图152
在水花园
1912年
从左至右：布兰奇·奥修德·莫奈
米歇尔·莫奈（？）
克劳德·莫奈
黑木夫人
乔治·克列孟梭
莉莉·巴特勒

目光——通过知识转换过的世界——这种知识不是关于植物形状的特殊细节或河岸的曲线，而是关于其本质形态。奇怪的是，莫奈在职业生涯结束之际却成为一名学院派画家——一个根据内心理想而作画的人，而不是一位专注呈现看得见的事实及物理现象的“科学的自然主义者”。这种趋向于非物质实体的转变开始于 19 世纪 90 年代，伴随着“组画”的逐渐形成。

7

图153
《阳光下的谷堆》（图159局部）

1889年的标志性事件不仅有莫奈—罗丹的回顾展，还有展现了重新评估整个国家的法国大革命100周年纪念庆典（图154）。以布朗热将军为首的春季政变的失败最终结束了君主主义者对共和制的威胁，且19世纪90年代，在一个倾向于和解与联合的年轻左翼政府的统治之下，一种新的政治共识应运而生。法兰西第三共和国的敌对分子最终在"非革命非反抗"（Neither revolution nor reaction）的口号下被联合起来。

为了与共和国传统相一致，政府引进了反教权立法，并重新强调这个现代的、世俗的国家是民族自豪感与民族志气的中心。艺术的价值被作为法国精神的一种表现方式，且19世纪80年代国家资助的相对缺乏被各个层面上的积极干预所取代。对民用房屋的装饰取代了教会的委托，且艺术和设计被纳为学校课程的一部分。在19世纪90年代，莫奈创作了一些最有独创性的画作，这些画不仅独创在题材和外观上，还创新在它们作为组画而非单独作品而呈现的方式上。这种作画方式与艺术之商业潜力的新重点以及作为结合了美术与应用艺术的"装饰"理念相得益彰。

正如黛博拉·西尔弗曼和保罗·塔克所指出，新政府对装饰艺术的偏好——而非说教式艺术，是基于经济上的考虑。这是多方面重估法国未来作为世界强国的一部分，当时的法国虽然在19世纪末经济增长繁荣，但却逐渐落后于德国、不列颠和美国。19 世纪 90 年代初发表的比较数据显示了低增长率，并激起了普遍的恐慌，即法国有沦为二流国家的危险。既不能拥有像不列颠那样包罗万象的帝国，又缺乏像美国那样庞大的经济，法国却在她的艺术传统上独树一帜。法语作为欧洲外交语言以及受教育者的语言，有其特殊的地位，甚至在德国和俄国也是如此。如今整个法国文化，尤其是视觉艺术，与国家遗产同样重要。

促进一个多样化且充满生机的巴黎艺术界之形成发展成了官方政策——该政策因相似的理由在 20 世纪 80—90 年代的巴黎

图154
夏尔·比沃尔
海报
庆祝1789—1889年间
巴黎的谷物市场转变为
土特产交易所

图155.右页
奥斯瓦尔多·托法尼
《现代农业》
《小日报（插图附加版）》
平版印刷
1897年4月

得以蔚然继续。这个城市成为艺术国际之都，世界各地的学生纷纷聚集于此地的画室学习，并对其民族财富仰慕之至。该过程所伴随的是法国绘画市场的不断扩大，这些绘画被当作法国人那为创造美而生的独特天赋之产物而受到推广。新政府开始接纳对上一代的艺术反叛分子。莫奈的 3 幅平淡之作被包含在与 1889 年世界博览会同时举办的法国艺术百年展上。这在某种程度上是一种体制内的荣誉；在 19 世纪 80 年代作为重要的印象派画家而声誉斐然的莫奈，如今已准备好建立起自己法国首席风景艺术家的地位。

风景画赢得了声誉争夺战，乡村风景画格外流行。和往常一样，它们主要出售给城市买家。共和主义在传统上与城市及工业世界联系密切，但新政府通过将选举权给予所有成年男性，来尝试着向绝大多数靠土地为生的法国民众伸出援手。共和国文化中的都市偏见有所逆转，且随着初等教育的普及扩及村庄以及农业上的改进，乡村成了改革的焦点。尽管如此，19 世纪 90 年代对依靠农业谋生的乡村居民来说仍是异常绝望的 10 年。在 19 世纪下半叶，一波又一波的农民离开土地，到新兴的工业化城市中寻找经

济机会。自 19 世纪 70 年代，可怕的葡萄根瘤蚜流行病摧毁了葡萄园，而美国廉价小麦的大量输入使法国农民的市场彻底崩溃。其原始农业仍是劳动密集型，且机械化为贫困的农民提供了可行的方法。他们以收割机或工厂的形式日益依赖于工业，来替代农村的贫困生活（图 155）。莫奈画中那田园诗般的平静只为游客和观众而存在。

虽然莫奈长期居住在吉维尼，但本质上仍是一名来自巴黎的访客，将房子周边的田野视为休息、娱乐和作画的场所。由此看来，

他和当地居民关系一定不会好；举例来说，1895 年，社区想要把一块土地卖给一名计划建造一座工厂的淀粉制造商。这将会提供就业机会，但也会污染河流、破坏当地的宁静。莫奈决定让工业远离“他的”村庄，于是捐了 5500 法郎以确保这块土地在未来 15 年中保持不变。通过此举，他大概也确立了吉维尼作为旅游业中心的长远未来；他的房子如今一年要接收 50 万的游客，并已成为印象派新兴工业的中心，像从前一样吸引着将法国乡村视为度假场所的盎格鲁－萨克逊游客。

莫奈绘于 19 世纪 90 年代的作品经历了许多深刻的变化，但事实上，在开始用转瞬即逝的光进行试验而发展成为组画之前，他有将近一年没有创作任何作品。自 1889 年夏天，他把时间投入到了一场为买下马奈的一幅画作并将之赠予卢浮宫的公众捐款的组织工作上。这个计划源自 1883 年：马奈在莫奈一大家子搬到吉维尼的当天去世。听到这个消息后，莫奈立刻动身前往巴黎，并在马奈的葬礼上担任抬棺者。他是先锋派领袖的明确继任者，且其 19 世纪 80 年代的策略便是打算建立在这一角色之上。到了 1889 年，莫奈作为一名富有、成功且举世公认的重要艺术家，能够有一整年的时间放下绘画，来为国家收购马奈那著名的《奥林匹亚》（图 27）而开展运动。

自莫奈 19 世纪 60 年代作为艺术家首次亮相以来，几乎从未停止过画画，而他这次的长时间罢工是件严重的事情。显然马奈的作品应进入国家收藏这件事对他来说至关重要。已故艺术家的画室在拍卖中没能取得高价，留下马奈夫人一个人穷困潦倒，其唯一的财产便是一大批画作。《奥林匹亚》是留在她手中的最重要的作品，而莫奈这场为募集足够的资金来以公道的价格买下它的艰苦战争，其部分动机是想要帮助老朋友的遗孀。尽管如此，莫奈的个人野心与他表面上的利他主义不谋而合。马奈那些 19 世纪 60 年代的画作对 70 年代“新绘画”的创立以及印象派运动的形成影响深远。马奈得到认可将是整个先锋派运动被正式接受的重要一步。即使是马奈作品的反对者也承认《奥林匹亚》作为反传统艺术之标志的象征意义，把他挂在卢浮宫将是一个突破性的开始。这当然也是莫奈的意向。正如贝尔特·莫里索在给他的信中写道："以您的大名和声誉，您是唯一能迫使这道大门敞开的人。"

为《奥林匹亚》发起的这场运动呈现出莫奈崭新的一面：一位机敏的政治家。写了几十年的请求信使他成了一个通过书信胁迫他人的高手，并且他成功劝诱艺术界的各种知名成员参与捐赠。一旦将近2万法郎的捐款募集成功，下一步就是劝说顽固的国家当局接受这幅画。他们用大量精力来进行对抗。教育部负责掌管美术，它是高度中央集权制，由巴黎的上层人物挑选随后被派送至全国各地的作品。既然直接拒绝这份礼物显得过于尴尬，那么把它分派到某个落满灰尘的外省收藏室中默默无闻的风险无疑会更高。而《奥林匹亚》必须待在巴黎，且必须被挂在显眼的位置。最终，莫奈的要求只满足了一半。这幅画起初被送到卢森堡——当代艺术家作品收藏馆——而不是收藏早期绘画大师作品的卢浮宫。规定表示，从一位艺术家去世到获得大师的地位之间需要10年的"冷却"（cooling off）期。尽管正如莫奈指出，该规定已为库尔贝破过例，但最后，他决定别太逞强，于是这幅画被挂在了卢森堡，并最终于1907年移至卢浮宫。一幅漫画预想了这个场景：邋遢的奥林匹亚带着猫，将跻身法国画派的仙女和宫女之中，成为一个极不协调却又不可否认的存在（图156）。莫奈在使自己作为公众人物而大出风头之后，就可以回归到绘画中去了。

莫奈自从积极投入到《奥林匹亚》之战以后，便放弃了再次前往克勒兹的计划。这段长期间歇为他提供了重新审视自己目标的时间，且当他回归自己的工作之时，已拥有一套不同的题材组合以及一种全新的方法。对离家更近的日常主题的细致观察取代了迷人、壮观的游客画。构成这第 2 拨吉维尼场景的画作是对单个主题高度集中的研究，其中包括田野、谷堆、树木、河湾，几乎都是以同样的视角一再去画。莫奈再次使用了早在 19 世纪 60 年代便出现过的主题，但 90 年代的这些作品的情况却截然不同；描绘同一主题的众多画作被同时展出，而这次它们并非从一组游客式的视角出发，而是成了艺术家的感知部分，这还是头一次。虽然莫奈之前曾展示过“组”画——安提贝十景、圣拉扎尔之作——但这些画作在本质上是对展示风景画的一种较成熟方式的演变，即作品组合在一起，形成某一特定著名场所的“相册”（album）。相比之下，莫奈的新绘画在构图上只有轻微的变化，却

图156
《卢浮宫中美丽的奥林匹亚》
漫画载于《巴黎生活》
1889年2月22日

一再描绘着同一个题材。在 1890 年夏末至 1891 年春季，他画了 25 幅《谷堆》，紧接着又画了 24 幅《白杨树》和 17 幅《塞纳河的早晨》。这是一种绘制风景画的全新方法，得益于重复而非多变，且需要观众给予一种全新的关注方式。要展出这些几乎完全相同、彼此仅在颜色上有所差别的题材需要有巨大的信心，但到了 19 世纪 90 年代，消费者们似乎急于抢购莫奈创作的任何东西。

莫奈的组画可被看作是 30 年绘画的必然成果：它们重复着他早在学生时代已备受其吸引的题材，且遵循着一条回顾起来十分清晰的路径——其兴趣逐渐从题材转移至风格，从主题转移至

外表，以及从偶然特征转移至本质特征。这种从特殊到普遍、从硬边到柔和笔调的变化并非专为莫奈所独有；该变化还可在提香或透纳的画中见到，且到了 20 世纪已几乎成为人们对一名画家所预期的路线——即一条由印象派确立并认可的路线。对莫奈来说，尽管这种转变显然是视觉兴趣的产物，但某种艺术速记法的形成以及用明显简化的方式传达复杂性的能力的提升，意味着这些“组”画也是一种商业上的成功。这些画的广受欢迎在一定程度上是其内在特质的结果，但也反映了观众的期望值——该期望值在过去的一个世纪中已发生转变。多年以来，它们被称誉为“纯”绘画的典范。如今其主题被重新审视，政治因素被提出。尽管这些画的确包含了某些可以直接感受到的政治因素，但其本质上仍是具有历史意义的主题消失，揭示了公众的新偏好。

谷堆系列是这些画中的第一组，且在某种程度上仍是最为惊人的一组。莫奈之前曾绘制过他房子周边的谷堆，但直到 1890 年秋天他才真正涉猎该主题的创作。他似乎不大可能从一开始便打算创作一组作品，这一想法似乎随着他对所谓覆盖主题的光之“外围层”的兴趣日益增强而出现。虽然这一直以来都是莫奈作品颇为重要的一方面，但到 19 世纪 90 年代却成为他主要的关注点。1890 年 10 月他在给热弗鲁瓦的信中详述了这一全新进展：

我刻苦钻研，倔强地同一系列不同效果（谷堆）做斗争，但在一年的这段时间里，太阳落得太快，以至于我的速度无法跟上它。我开始缓慢地作画，这使我感到绝望，但随着我坚持的时间越长，便越发觉得有必要进行大量的工作，以成功演绎出我所寻找的——瞬时性，总而言之便是“外围层”，即到处散布的同一缕光线——并且我比过去更加厌恶一蹴而就的东西。我觉得有必要呈现自己所体验到的东西，并对此日益着迷。

莫奈仅在“括号”(Stacks)中提及画作的明显主题可谓意义重大，显然是这些谷堆所呈现的“效果”使他感兴趣：他已从寻找各种主题转变为寻找各种效果。这些光之效果的转瞬即逝，即他所谓的“瞬时性”，自19世纪70年代以来便是他作品的中心题材，且可被看作印象派的核心元素之一。不过，这些画作看起来同即使是《日出·印象》(图77)这般的精练图像也截然不同。一组瞬间的概念强调色彩和光线的转瞬即逝，将之从几何描绘法的必然规律中解放出来，并使颜色拥有了一种全新的自主权(图157、图158)。宣称莫奈以清新质朴的眼光简单地捕捉了大自然的言论，似乎并不能得到这些颜色变化惊人的虚幻之作的支持。感知的瞬间变得越来越主观，正如西涅克于1894年在日记中所评论的那样，“大自然中的树不是蓝色的，人也不是紫罗兰色的……(莫奈)一大优点准确地说是依照(他)所感觉的那样去画它们，而非只照着它们本来的面貌”。

莫奈并不是唯一尝试强调色彩及样式之人，对非自然主义再现的兴趣成了高更引领的一群年轻艺术家当中的时尚(图128)。很大一部分是针对新印象派用有规律的圆点和日常题材所构成的谨慎单调，“纳比派”(Nabis)或象征主义(Symbolists)以明亮、简短的形式描绘了一个幻想世界，并以异乎寻常的色调进行平涂。高更于1895年向一位采访者解释道：

有没有蓝色阴影这种东西并不重要。一旦画家明日决心设想粉色或紫罗兰色的阴影，他便完全可以这样去做，而不必向任何人交代，只要他的作品和谐悦目，且为我们提供精神食粮。

高更的作品有意从常规的观赏习惯来使观众大吃一惊，而在这方面，莫奈从描绘大自然到创造另类幻象之域的转变让他赢得了象征主义运动之父的称号。然而，象征派们加入了与莫奈格格不入的

图157
《谷堆（日落
雪景效果）》
1891年
布面油画
65 cm × 100 cm
芝加哥艺术学院

图158
《谷堆（白霜效果）》
1889年
布面油画
65 cm × 92 cm
希尔斯蒂德博物馆
法明顿

图159
《阳光下的谷堆》
1891年
60 cm × 100 cm
美术馆
苏黎世

神秘主义和颓废元素；他们依然描绘着清晰可变的形态——年轻的女人和森林是他们最钟爱的题材（图 160）——但这些场面总是带有强烈的感情色彩，这使莫奈的谷堆看起来像是不加渲染的确凿实物。

该组画很神秘，因为它们累加在一起似乎超过了各部分的总和；而它们却并非神秘主义。毕沙罗于 1891 年写信给高更：

> 这些不安的中产阶级，对被剥夺了应有权利的群众之疾呼感到惊讶，对人民所要求的巨额索赔感到震惊，他们觉得有必要将人们引回迷信之中。从此，关于宗教象征主义、宗教社会主义、基于理

图160
埃米尔・伯纳德
《爱情丛林中的玛德琳》
1888年
布面油画
137 cm × 164 cm
奥赛博物馆
巴黎

> 念的艺术、神秘论、佛教等信仰的喧嚣不断。印象派走在正确的道路上，这是一门基于感知（sensations）的健康艺术，同时也是真诚的。

莫奈是一位无神论者，尽管其政治信仰没有毕沙罗那么明确，但可能和他一样厌恶象征主义，也同样倾向于“一门基于感知的健康艺术”。他所寻觅的“瞬时性”和“效果”并不依靠形而上学获取意义。当然，这并不能阻止观众和评论家使用神秘主义的语言来探讨它们。

关于观看像《阳光下的谷堆》（图 153、图 159）这样的画作的

最恰当方式众说纷纭，以各种不同的方式将之解释为光的超然再现、形状和颜色的抽象派雏形、法国乡村的永恒形象，以及最新的——政治声明。在莫奈的作品作为一个整体并同时作为现代画发展元素之一的双重背景下，无论什么样的评论观点占主导，这些画作都颇受重视。

莫奈自己声称："对我来说，主题本身是一个无关紧要的因素；我想再现的是介于主题与我之间的东西。"这无疑使人联想到 20 世纪最受人喜爱的方法，正如莫奈的作品被日益按照其同抽象画之间的关系来审视。俄国画家瓦西里·康定斯基（1866—1944 年）后来被公认为创作出了第一幅真正的"抽象"作品，将他得以跳出主题式艺术的能力归因于 1895 年在莫斯科见到莫奈画作的经历：

以前，我只知道现实主义艺术……突然，我生平第一次见到了一张"图画"（picture）。那是一个干草垛，展览目录这般告诉我。我无法辨认出它……对我来说绝对清楚的是色调的未知力量，那是我以前所不曾看到的，它胜过我所有的梦。绘画具有一种难以置信的力量和光彩。与此同时，在不知不觉中，客体对象已不再被视为画作中一项不可或缺的要素。

从这个角度来观察谷堆，即使在 19 世纪 90 年代也依然可行——尽管一个人可能得作为画家才可拥有观察所需的跳跃式想象力。尽管如此，莫奈使用的是其他画家也很喜爱的一个主题，且他的第一批观众必然对该题材的社会及象征性内涵颇为熟悉（图 161）。

多年以来，这些绘画作品在英语中被称为"干草垛"（haystacks）；对一个现代的都市观众来说，谷物和干草之间的区别似乎并不明显，但莫奈的同时代人却十分清楚其中的不同。干草是干燥的草，用于在冬季喂食动物；谷物可以做成面包，且既代表了农民的财富，又可以延伸开来，代表整个国家的财富。几个世纪以来，描绘乡村生活的绘画包括了丰收、打谷和播种的图像，作为季节之意象的一个关键部分。诸如普桑的《夏日》（图 11）这样的绘画作品及其 19 世纪的复制品都明确表达了谷堆的含义。虽然莫奈的本意不太可能把《阳光下的谷堆》主要当作一幅乡村繁荣的图像，但他一定非常清楚谷堆意象的普遍流行。在物理上接近农民生活（图 162）却在社会及心理上相去甚远，莫奈由此将一个平淡无奇的日常元素转化为一种色彩鲜艳的神秘坟冢。他使熟悉的事物变得陌生，并允许观众分享他那神奇的视野。顺便提一句，他为了这么做，而不得不付钱让谷堆的所有者把它们留在适当的位置，实际上是将其从食物来源有

效地转化为艺术主题。

莫奈创作组画的方法显然产生于其 19 世纪 80 年代所从事的对相邻主题的反复研究，那时他常常通过同时绘制若干幅题材相关的油画而最大化利用绘画的有效时间。他将始于户外的画作拿到家中的画室里完成，那里让他觉得更舒适，且工作条件也好得多。该完工过程的重要性逐渐提升，且对于《谷堆》的绘制至关重要。莫奈生平第一次绘制将作为组画而展出的作品——要是不被卖掉的话，并且这些作品作为对时光流逝及光线照射的一连串感知而从彼此间获取意义。在画室中，他将这组画视为一个整体，使各画作协调平衡以便完美地组合在一起。莫奈在 1891 年第一场《谷堆》画展上

向一位荷兰参观者拜恩范克宣称："这些画作的真正价值仅驻留于彼此间的关系中，且仅作为整个组画的一部分而存在。"虽然这对不少伟大的欧洲组合绘画同样适用，如乔托在阿西尼的圣弗朗西斯科教堂的壁画，但莫奈的作品并未引向叙事或说教式的高潮；该组画的结尾没有寓意，且标题故意含糊不清——《谷堆，雪景效果》或《日落时的谷堆》。它们本质上为非叙事性绘画，强迫观者寻找纯粹的视觉差异。这些绘画作品得以进行却没有进展，它们在某种封闭的循环内仅指涉彼此。

组画的概念模仿艺术家对该场景的感受，采用了运动和变化。莫奈更加熟悉风景的每个角度，且将感知的瞬间划分成了越来越小的单元，而其尝试捕获瞬时性的速度也变得越来越慢。他的作画方式也改变了，并开始将若干幅画布用于单一的题材，运用不变的视角研究光和色彩在同一地点、不同条件之下所产生的细微差异。事实证明，孩子们是无私的，他们帮忙把画作运到房子里，再从房子中搬出来，如此往返。在1927年出版的一篇与特雷维索公爵的谈话录中，莫奈对其灵感之突发瞬间的描述显得有些言不由衷：

图161. 左图
让-弗朗索瓦·米勒
《秋天的谷堆》
1868—1875年
布面油画
大都会艺术博物馆
纽约

图162. 右图
展示谷堆的吉维尼一景
约1905年

> 当我开始（作画）时，我和其他人一样；我相信一个人所需的一切不过是2张画布，一张用于阴天，一张用于晴天。我正在描绘那些谷堆，它们构成的一组壮观画面令我印象深刻……某一天，我意识到光线有所改变，于是对我的继女说："请到房子里再给我拿一张画布。"她拿来了，但不一会儿光线再次发生改变；（我需要）另一张画布，然后又是一张。我在每张画布上停留的时间与效果所持续的时间一样长，于是便有了你所看到的这些画。这并不难学。

这段逸事虽然令人难忘，却并不完全令人信服；艺术家并未经历大气纯度的突然转变，并且他在《谷堆》系列开始之前就已得心应手地运用多个画布来作画了。的确，莫奈晚年的另一段回忆曾表示，他最初于 1879 年想到了这个主意，那时他正在描绘维特伊教堂守护神般的“白色”形象（图 96）：

我觉得，在一天的不同时刻研究单一的主题，并记录下光线效果并不是件烦琐的事，一个钟头接着一个钟头，该建筑的外观和色彩变化是如此的显著。那一刻，我并没有把想法付诸实践，但它却在我的脑海中逐渐形成。

尽管如此，当他于 1890—1891 年回归谷堆主题，开始连续创作了差不多 30 幅绘画作品时，其方法和动机似乎已截然不同。作品集合，而非单幅画作，成为其绘画的焦点。

15 幅谷堆于 1891 年 5 月在丢朗 - 吕厄的画廊中展出。莫奈所做的是一些全新的东西；个人展览仍然是件新鲜事物，且将之简化为“一个人，一个主题”的确是前所未闻。画作展出的方式对其取得成功十分关键；有史以来第一次，描绘同一题材的作品在单独一间屋子里被挂成一排，如此强调——而非忽视它们的重复属性。这迫使观众通过站位和阴影的细小变化，去观察光线与色彩的微妙之处，以搜寻变化，并寻找艺术家在该场景中的所见。模拟画家的感知使观看作品成为一种有意合作的行为，只由足够相信该活动价值的人才会胜任。矛盾的是，追随者们对那些已经准备好接受画家之重要地位的人的限制，导致了莫奈知名度的提升，狂热群体一旦组成一个俱乐部，所有人都想要加入。

这些画是分开出售的，这令莫奈相当遗憾；他们如今分散在各处（最大的一组收藏如今为芝加哥艺术学院所有，共 6 幅）。展览的累积效应一定势不可挡，当时的报道表明，这些画作的重复属性让人觉得激进甚至不安，观众在探索一条理解这些杰出、闪耀图像之意义的途径。7 幅非谷堆题材的作品也一同展出，但对大多数参观者来说，那组不同寻常的谷堆系列抢尽了风头。评论者如热弗鲁瓦的做法更加狂热，他创作散文诗以描绘展览中的年份及日期的变化次数。

（谷堆）第一次出现是在一个宁静美好的下午。它们的边缘镶有玫瑰色阳光的凹痕……它们笔直地矗立在清新的空气中，明亮的阳光下……在天气渐暖之时……谷堆像许多宝石那样发光……过了一会儿依然如此……黑暗笼罩了开始像炉火般散发红光的谷堆。悲剧的面纱——鲜血的红色、悲伤的紫色——在地面及其上方的空气中围绕着它们……莫奈除去了变换的画像——风景之面庞的伪装，表现了快乐与绝望、神秘与死亡。

由此看来，展览受到广大评论家的盛赞，大获成功。不少买家是投机商，在展览结束不到几个月的时间内转卖了画作，且大部分画作的最终归宿是美国。毕沙罗满怀忌妒地在信中向他的儿子写道，丢朗－吕厄不愿接受他的作品，而市场已为莫奈失去了理智：

这一刻，人们除了莫奈的作品，什么也不想要。显然，他无法绘制出足够的作品来迎合需求。最糟糕的是，他们都想要《夕阳下的谷堆》！故事总是千篇一律，他画的所有作品以 4000、5000 甚至 6000 法郎的价格被卖到了美国。

毕沙罗得出结论，莫奈只不过是在重复自己——“这就是成功的可怕后果”。

《谷堆》展览开幕之时，莫奈正在绘制第二组描绘塞纳河畔的白杨树的乡村风景画。纤细的白杨树在形式和构图上与稳重的谷堆形成对比，构成一类截然不同的主题。它们苗条而细长，受季节变化和风向运动的影响。正如他在 19 世纪 80 年代的风景画中所做的那样，莫奈确立了“沉重”与“轻松”主题的节奏。《白杨树》组画接下来是《鲁昂大教堂》和《柯尔萨斯山》，然后是 1896 年《塞纳河的早晨》中的精心调整。

尽管这些白杨树看起来属于风景的自然特征而非人造特征，但实际上这些树却是为了获取木材而种。它们是经济作物，正如《谷堆》系列中的小麦。根据莫奈开始该组画几个月之后的发现，这一特殊群体已长到了最高处，且注定要被砍掉。正如对谷堆和克勒兹发芽的树所做的那样，莫奈出面干预以保留他的主题对象，他付钱给一位当地的木材商，以把树留下直到他完成作品。尽管事实上，他将在画室中完成这组画，但仍然需要在主题面前进行刻画。

不同于《谷堆》,《白杨树》组画在最初构思时便为一个系列。莫奈对他想捕捉的效果的多样性以及单个作品之间的韵律关系有着明确的概念。白杨树吸收水分，所以普遍沿着有溪流的道路和田野生长。它们是平坦的塞纳河谷中一个醒目的特色，莫奈已将它们画过很多次。它们是他幸存的第一张严肃作品（图 17）的主角，且类似的树之屏风出现在他多幅早期的吉维尼画作中。莫奈是如此熟悉这个题材，故觉得很容易直接投入该组画的创作。1891 年的夏天和秋天，他创作了 24 幅画作，运用了 2 种不同的构图方式。除了其中的 4 幅，所有画作都是在画室船上绘制的，这使得艺术家能以一种悠闲而舒适的方式在若干张画布上面作画。和《象鼻山》画作（图 111）一样，这也产生了一只鸭子的视野，观者仿佛漂在水面上，象征性地沉浸在题材里。从这个视角出发，白杨树填满了整个画布。最有特色的构图之一描绘了 2 组叶子丛生的树，以“S”形曲线盘绕着横跨油画的表面，正如《埃普特河畔的杨树》（图 18）中那样。河本身出现在画作下方 1/3 处，倒映着树干。在其中一幅画作——《4 棵树》（图 163）中，空气中的树和水中的树之间的区别几乎消失。这种镜面效果使整个画面变得毫无立体感，完全破坏了自文艺复兴以来便对欧洲绘画至关重要的错觉艺术“立体空间”

（box-space）。

观看这些精致上色的绘画、优美的曲线和对自然形态的程式化复制，很容易看出莫奈的画作与实用艺术中（图 164）被称为“新艺术”（Art Nouveau）的当代风格之间的密切关系。新艺术使用自然的造型，且拒绝繁重的装饰，其设计基于简单原则和适用性原则。它希望成为现代的国际化艺术，远离文化包袱，讲“纯形式”（pure form）的世界语言。

新艺术起初是一种建筑风格，并迅速在家具装饰的实用艺术中蔓延开来，包括墙纸、地毯、首饰等。所有这些艺术形式本质上都可被视为“平面的”（flat），而正是在商业美术和平面艺术的简化下，新艺术才被最有成效地应用到制图中。莫奈的白杨树及“平面化”（flatness）的韵律本质吸引了一批已经形成对新艺术简约风格之鉴赏力的公众。他们刚好适应以最新风格设计好的房间，且评论家最常用来赞扬这些画作的一个词语便是“装饰性”（decorative）。

在 19 世纪 60—70 年代，称一幅画具有装饰性将暗指其不是一幅严肃的艺术作品。“装饰品”（decoration）的目的并不在于教化或告知信息，而是为了提供娱乐性。尽管如此，对于 19 世纪 90 年代的先锋派和时尚的买画公众而言，“装饰性”具有更为重要的含义——即从与政治、道德和主题不相干的关注中普遍解脱出来，以获得审美纯度和自由。在某种程度上，这仅仅是早期印象派的“纯真之眼”（innocent eye）信念的一种延伸。“装饰品”适用于描绘自然界——正如莫奈所做的那样，它意味着专注于形式和色彩，而不是自然主义的细节，并避免一些可能“显示作品年代”的东西——本质上，即避免社会内容的绘画。“为艺术而艺术”（L'Art pour l'Art）的口号成了评论界的老生常谈。

尽管装饰品被 19 世纪 90 年代的先锋派盛赞为纯洁艺术目的的保证，然而它对于国家也有着全新的重要性。1889 年的巴黎世博会

Claude Monet 91

图163.左页
《4棵树》
1891年
布面油画
81.9 cm × 81.6 cm
大都会艺术博物馆
纽约

图164
C. F. A. 沃塞
带有多色杨树图案的
织物
约1895—1900年
维多利亚和阿尔伯特博
物馆
伦敦

通过展示其竞争对手的改进设计使法国工业家们感到紧张不安。不列颠和德国一直以来都生产比法国更廉价或许也更完好的货物，但在传统上，法国产品更为时尚美观。到了 19 世纪末，情况似乎已不再是这样。法国的对手们开始通过仔细研究来着手改进他们的商品，他们制定出教育项目，并形成国家收藏，以激发有抱负的设计者或企业家。与此同时，法国则停留在她的桂冠上，且在 19 世纪 90 年代将精力全部用于追赶并反超其竞争对手。

正如黛博拉・西尔弗曼所指出，在 1890—1900 年，各方一致做出努力以提高装饰艺术的地位，使它们和架上的绘画一样受欢迎。政治家和政府官员们大力支持装饰艺术中央联盟，试图促进“一种结合了艺术和工艺的现代风格”的发展。1894 年，卢浮宫开设了一个“工艺品”(art objects)部门，使之与传统博物馆收藏品的地位相一致。沙龙展也给予装饰艺术一个特别部分，且艺术和工业之间的联系被凸显强调。一种更为实际的方法取代了国家资助“高雅艺术”的陈旧观念：艺术可以通过影响设计而在国家经济中起到重要的作用。支持贸易保护主义的议会领袖儒勒・梅里奈引进了贸易壁垒，将经济重心从重工业转向农业和手工业，以符合他“法式品味与批量生产相悖”的信念。

该策略十分成功：法国经历了装饰艺术的繁荣。“法式”(Frenchness)成为那 10 年间为奢侈品打造的国际特色，丝毫不受主要产业中存在的贸易保护主义的影响。政治家乔治・伯格对此深感自豪：“真正的法国商标是打开所有边界、推翻所有关税壁垒的通行证，届时它将印在数以千计的商品上，在这些商品中，形式和装饰发挥着主导作用。”旅游业、服装和艺术为巴黎带来日益增长的财富。那些曾在政治及经济方面对法国构成最大威胁的国家成了其文化最狂热的消费者。消费者来自美国、德国、日本，甚至还有处于迅速工业化阶段的俄国。在这个大背景下，莫奈已准备好从中受益。他像其他精明的商人一样密切关注着全球发展动态。尽管他最开始反对丢朗－吕厄的美国交易，但却迅速意识到美国人对他作品的需求提高了他在自己同胞眼中的地位。这也提高了他作品的价格。他将作品一视同仁地出售给丢朗－吕厄、乔治·佩迪以及布索和瓦拉东画廊的提奥·凡·高，便开始坐看鹬蚌相争。到了 19 世纪 90 年代中期，他对一幅绘画作品的要价是 1.5 万法郎，且踏上了成为非常富有之人的道路。

这种恶性通货膨胀从根本上是拜外国消费者所赐。像波特·帕尔姆夫人——一位芝加哥的肉类大亨之妻、詹姆斯·萨顿以及路易斯·海梅维尔这样的美国人批量购买莫奈的画作。他们迅速转卖，总能获利。像约翰·辛格·萨金特（1856—1925 年）和玛丽·卡萨特（1844—1926 年）这样的美国艺术家——两位均是莫奈的朋友，也曾通过非正式渠道交易他的画，且促进了美国莫奈收藏品的形成，这使得如今的人们若不访问美国，便无法研究其作品。莫奈 19 世纪 90 年代的画作很好地适应了这些购买模式——连载组画卖给连环买家。这些作品也容易被观众同化，逐渐对我们如今称之为批量生产的概念习以为常。一旦组画的理念被接受——在展出《谷堆》系列时迅速发生的事情——这些画作便可采用与销售季度最新款女装几乎相同的方式在市场上出售。1892 年 3 月的《白杨树》展览是有史以来第一场致力于单一主题的展览。它获得了空前的成功，下一组画的订单在画作甚至还没有合理计划之前纷纷涌来，更别说完成后了。

很容易把莫奈期货的交易看作是艺术市场扩张方式的一种必然结果。尽管如此，他的绘画作品并不是机械生产的过程。他作品的不断成功依靠着严格的质量把关以及可接受程度内的创新。他不得不保持作品的高品质，而出售尚未成型（in ovo）之作不失为压力较大的一种进展方式。《白杨树》组画一经完成，他便于 1892 年年初着手处理一个截然不同的题材——诺曼底小镇鲁昂的巨大的哥特式教堂。尽管这是对都市题材以及在维特伊所绘制的那种宏伟建筑的一种回归，但这些画却丝毫没有表现地区特征。鲁昂画作也与前两组画有所差别，在这一点上它们需要花费较长的时间，且数次被其他项目所打断。在 1892 年 2 月—1895 年春天，莫奈为他的油画而担心，无法将之发表出去。他在这些画上所花的时间越长，就越觉得其不够符合观众和自己的期待——“我是一个骄傲的人，有着极强的自尊心。我想做得更好，我想使这些教堂看起来尽如人意。”正如他在信中安慰不耐烦的丢朗－吕厄时所写到的那样，“我现在做任何事都困难重重，所以才花了这么长时间。”

描绘主题的任务到 1893 年 4 月便结束了，真正消耗时间的工作在画室中进行。外光派画法相对直截了当，即使当时是通过一个窗口来进行作画的，比如在鲁昂时。“最后修整”（Finishing）变得日益重要且复杂。随着组画作为一个和谐整体的概念在他心中滋长，以及他作品中所画的瞬间变得越来越精确，修补所需的时间也有所延长。捕捉重复的光效本质上依赖于艺术家的记忆，即辨认出等同于促使一幅画面各阶段产生之瞬间的能力。多变的天气与一天中不同时刻的组合意味着在单独一幅画布上作画的若干阶段之间可能有很久的间隔。的确，他年复一年地保留着鲁昂的几幅画作，只为等待初始效果的重新上演。对瞬时性的表现完成得越来越慢。最初的观察重复出现在艺术家的记忆中，每个新发现都以画布上多了一层颜料为标志，如此反复。画布在一层又一层的厚重颜料中结痂沉淀，变得日益复杂而坚硬，而最初的瞬间也变得更容易消散，且更难以抓住。主题消失了，画作成为一个物体——一个类似于大自然、但却越来越少表现它的美丽人工制品（图 165）。宣布一幅画作的完成，便是宣告了感知瞬间终止，这对莫奈来说变得越发困难。1893 年他从鲁昂写信给热弗鲁瓦：

我继续待在这里，但这并不意味着我将要完成我的大教堂作品。

天啊！我只能重申，我越是深入，便越难以表达我的感觉；我对自己讲，任何如是说自己完成了一幅油画的人都是十足的自大狂。

和19世纪70年代的圣拉扎尔画作一样，鲁昂大教堂的这些作品描绘了城市建筑，且比较这两组图像是件有趣的事情。大都市铁路火车站宏伟而精致，常被称为“19世纪的大教堂”。世俗的公共建筑致力于运输、贸易和商务，代表着现代科技状况的精髓。在法国，政府长期以来与教会对抗，而莫奈选择描绘天主教的一座伟大丰碑，这令众人议论纷纷。拥护他作品的评论家们主要是世俗主义者，并倾向于就基本形式来解读这些作品。他们认为主题并不重要，且将教堂视为一种“天然艺术品”（found object）或自然形态，用热弗拉尔的话讲即为，“同岬角的岩石一样崇高而美丽。”和《谷堆》组画一样，描绘法国北部哥特式教堂在凸显其精神角色的方式上也有着悠久的传统，但莫奈很可能使用了一张旅行指南的整版配图（图166）作为构图的出发点，即严格停留在教堂的外部。他对进入建筑的内部并不感兴趣，所表现出的漠不关心让人想起他学生时代在卢浮宫的阳台上作画时的那种态度。大部分画作采用特写视角，仅仅把大教堂看作一个迷人的表面。多面的小石头在我们眼前冉冉升起，如同被岁月侵蚀的人造悬崖。

出于努力想消除大教堂组画之疑虑，并解决需要更换风景的问题，1894年年末，莫奈决定用最冒险的一次绘画之旅来消除视觉疲劳。1895年1月27日，他出发前往挪威，开始了一段长达100天的旅途。雅克·奥修德已住在奥斯陆有段时间了，莫奈想要看看他的近况，但他也想要画画。挪威呈现了一种奇异且未知的全新景致。吉维尼的冬天一直很温和，使他得以在户外长期作画而创作出结霜的谷堆，却无法提供任何描绘雪景的真正机会。雪一直是印象派最喜爱的题材之一：它的亮度和反射性使得强烈的色彩形成对比，并

图165.左页
《从正面看到的大门
棕色的和谐》
1894年
107 cm × 73 cm
奥赛博物馆
巴黎

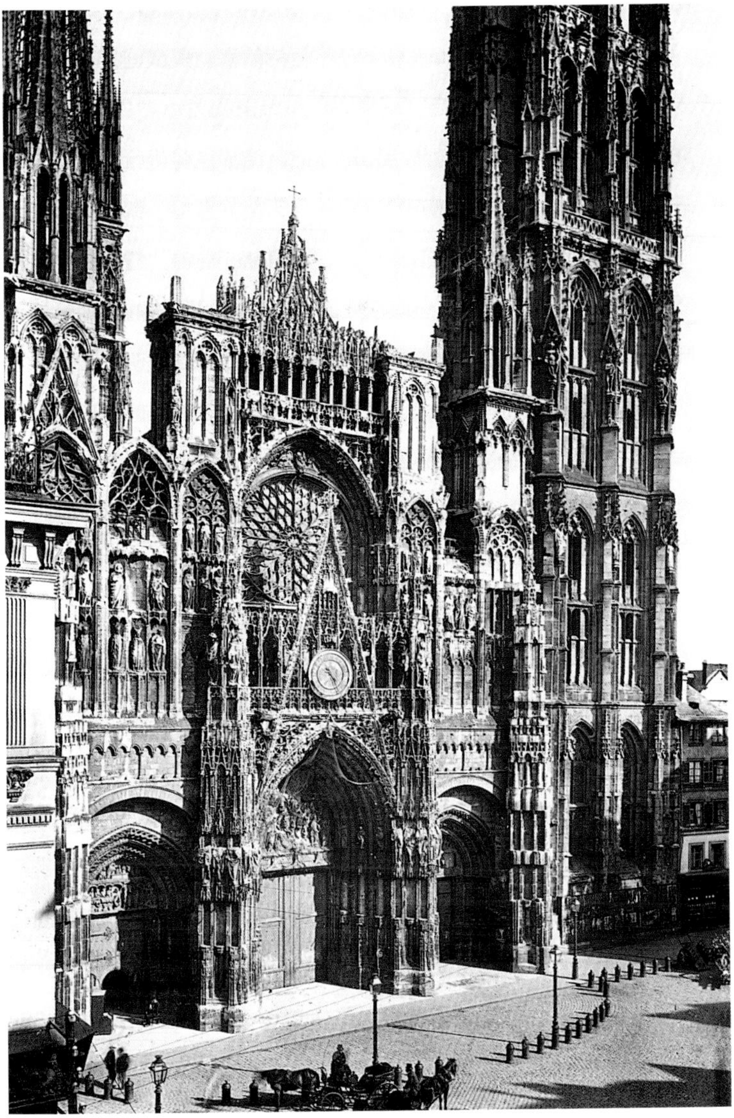

图166
鲁昂大教堂
约1893年

图167
《玫瑰色的柯尔萨
斯山》
1895年
布面油画
60.5 cm × 100 cm
奥赛博物馆
巴黎

图168
葛饰北斋
《富士山·凯风快晴》
木版画
出自《富岳三十六景》
1829—1833年
23.9 cm × 34.3 cm
大英博物馆
伦敦

迹却是一种触目惊心的经历。这些作品比鲁昂之作要平滑许多，用惊人的色彩饱和度跟踪记录了一个夏日拂晓时分的光线由弱到强。它们很可能是莫奈自 19 世纪 90 年代以来最美丽的画作，并且在 1898 年 6 月佩迪画廊那场大获成功的个人展上卖得很好。这场展览与丢朗－吕厄画廊的一个团体展同期举行。那一年，莫奈的作品也在俄国、德国和美国公开展出。

此时的莫奈不再描绘与众不同的法国风景，19 世纪 90 年代的最后 2 组组画分别是描绘伦敦的画作和十几幅绘于吉维尼水花园的日本桥画作。他作品中的“法式”受到了普遍称赞；他可能觉得他已经显示了自己的爱国凭证，或者可能仅仅是用尽了吉维尼主题而已。也有消息称，莫奈转而描绘地域模糊的题材或外国题材是政治事件所导致的结果。到 1898 年为止，国家已为德雷福斯事件分裂了整整 4 年。1894 年，法国军队中的一位犹太裔上尉阿尔弗雷德・德雷福斯被定罪为向德国人传送法国军事机密。德雷福斯被送到法属圭亚那之魔鬼岛上的流放地，但很多证据令人怀疑，且在其被流放期间，一场要求释放他的运动掀起了势头。终于，人们发现，埃斯特哈齐少校才是真正的罪魁祸首，无辜的德雷福斯最终被释放。在这一创伤事件期间，军队和教会相互拉拢，而是支持德雷福斯派还是反德雷福斯派的问题成为用于检测社会及政治效忠对象的一场立见分晓的测试。家庭因此而分裂，印象派也产生了分歧——德加和雷诺阿坚信上尉有罪，而莫奈和毕沙罗则认为他是被陷害的。

图169
《挪威・伯恩卡尔德的红房子》
1895年
布面油画
65 cm × 81 cm
马蒙丹博物馆
巴黎

莫奈同他的老朋友左拉相处并不融洽——自从左拉于 1896 年针对他的作品发表了一篇不甚友善的评论之后，但当左拉以一连串尖锐的文章开始投身于解放德雷福斯的运动中时，他迅速地表示了称赞。左拉关于该事件的作品发表于《震旦报》——这是一份由克列孟梭编纂的刊物，并且正是在这里，著名的争议之作《我控诉》于 1898 年 1 月 13 日刊登。这篇文章点名指出了那些对该事件负有责任的军队及政府人员——他们在掩饰给一个无辜之人定罪的错误行径，并且使德雷福斯事件的真相大白于天下，几年之后，请愿书“知识分子宣言”问世。莫奈也在签字人之中，考虑到莫奈明显对政治缺乏兴趣，这间接地表明：德雷福斯事件确实对他意味着什么，并且他对法国题材的放弃很可能反感于将之纳入其中的浮夸式爱国主义的结果。

《伦敦》组画开始于 1899 年，莫奈决定以法国的永恒对手——英国作为题材，可被视为对法国的双重排斥，紧接着便在自己花园的私人空间中进行内在放逐。也有可能是艺术家仅仅是终于完成了对法兰西岛的描绘。到了 19 世纪 90 年代末，他的年龄和名望使他能够享有随心所欲地描绘任何题材的奢侈；他的作品也日益不被人们看作谷堆和大教堂，甚至已不被当作风景画，而是仅仅被视为“莫奈之作”（Monets）。

图170
《议会大厦・雾中的阳光效果》
1904年
布面油画
81 cm × 92 cm
奥赛博物馆
巴黎

这些《伦敦》组画标志着对城市场景的一次真正回归，描绘的是莫奈有 20 多年没有碰过的东西。尽管他的主要建筑题材是一幢 19 世纪的建筑——于 1852 年开放的议会大厦，但该阶段的画作不同于 19 世纪 60—70 年代的巴黎视图，城市作为一个题材，并未呈现出现代感。这些描绘泰晤士河的画作使用了没有人物的远景，桥和议会大厦展示了幽灵般的伦敦，泛着火红的色彩，披着雾气的外衣（图 170）。莫奈在 1899—1901 年曾分 3 次到访过这座城市，他住在新开的萨沃伊酒店里，主要透过他房间的窗口作画，正如他在鲁昂所做的那样。事实上，酒店的促销手册将雾气朦胧的河景形容为该处的一个主要优势，赞美“伦敦那柔和的水汽……使色彩融合，使突起的尖顶变得柔和，并为建筑营造一种既神秘又入时的氛围”。将污染造成的视线模糊转化为对游客的吸引力可谓是市场营销的一项可观成就。莫奈显然不是唯一一个喜爱尘雾的人。

在伦敦，莫奈再次成为一名游客。他不熟悉当地的语言，且当

Claude Monet 1904

他在画画过程中收到一杯茶时，不但不感激，反而颇为恼火。不过，他并不是无备而来，他知道自己想要研究泰晤士河的光线，正如他在 1870—1871 年身为难民至此时所做的那样。他在那之后曾至少 2 次访问这座城市：1887 年同艺术家詹姆斯·麦克尼尔·惠斯勒（1834—1903 年）住在一起，1888 年则住在萨金特家中。到世纪之交时，他显然成了受人追捧的名人。他写给爱丽丝的信中显示他频繁在外就餐。他甚至加入了一个特选群体去观看维多利亚女王 1901 年 2 月的葬礼。在那里，亨利·詹姆斯——“一位讲一口流利法语的知名美国作家”——帮他认出了许多著名的哀悼者。莫奈对场面的壮观大表惊叹——“如果能用速写画下当时的场面，那将是不可思议的”——但他又对拥挤的人群表示恼火——“萨金特和我几乎无法开辟出一条去吃午饭的路”。

尽管他在第一次来到这座城市时，曾对毕沙罗称赞国家美术馆中透纳的作品，但我们并不知道莫奈是否接触过任何英国的艺术家。透纳画过泰晤士河和大火中的旧议会大厦，而莫奈显然知道这个先例，但像往常一样，他对潜在的对手不加理会，声称“我曾经十分敬佩透纳，但如今我对他的喜爱减少了……他的颜色安排不合理，且用量过度，我已仔细观察过”。

同样，约翰·康斯太勃尔（1776—1837 年）也画过滑铁卢桥，然而，回忆起 1871 年在国家美术馆那段时期，尽管毕沙罗曾在信中给儿子卢西恩写道：“透纳和康斯太勃尔的水彩和油画……无疑影响了我们。”但莫奈和往常一样，不那么热衷于承认艺术的影响。他声称是著名的伦敦大雾吸引他来到泰晤士河及其桥上：“若没有雾，伦敦将不会是一个美丽的城市。是雾给予了它奇妙非凡的雄浑效果。其常规的大型街区在这神秘的外衣下变得雄伟庄严。”作为一名描绘空气的画家，即使不描绘光线，我们也有理由指望他将冬天时节烟尘弥漫的雾气及其紫色和绿色的色调视若珍宝。这里有一个可以用剪刀裁开的“外围层”[①]，仅将建筑的微弱迹象包围其中。正如议会大厦的建筑师所了解的那样，完全模仿中世纪遗风的维多利亚哥特式建筑在被浓浓的云雾面纱包裹时看起来效果最佳，尖塔像幽灵船一样在迷雾中浮现。如今已很难想象那旧时“黄色浓雾”（pea-souper）的影响（图 171）。20 世纪 50 年代对燃煤的废除和随之而来的伦敦空气大清理自那以后改变了城市冬天的空气——如今 12 月的日光比莫奈当年多了 70%。他总是选择在一年中寒冷的时节造访，在一个 3 月的早晨抱怨着他担心天气转好：“我一起床，便惊恐地看到，外面没有雾，连雾的影子都没有。我不知所措，并意识到我所有的画都荒废了，但渐渐地，火点燃了，烟雾也回

图171
“认识他们的人中，没人能质疑这两位绅士的体面，然而你将很难相信，在昨晚的大雾中，他们的想象力给彼此造成了不必要的惊慌！”
漫画载于《笨拙周报》
1870年

Nobody that Knows them could Doubt the Respectability of these Two Gentlemen, yet you would hardly Credit the unnecessary Panic their Imaginations caused them the other Night in the Fog!

来了。”

莫奈并不是唯一一位觉得这阴霾天空和朦胧光线吸引人的艺术家。惠斯勒曾在 19 世纪 70 年代画过一组昏暗的泰晤士河景，在朦胧和烟雾笼罩的和谐中找到了一种相似的乐趣。惠斯勒的作品使用一个颇受限制的调色板，并挑衅式地以音乐的方式给作品命名，以强调主题相对而言无足轻重，和莫奈晚期作品一样，它们展示了对装饰性的关注（图 172）。当时的评论者记述了两者的相似性，而莫奈的伦敦场景甚至被评论家古斯塔夫·卡恩形容为“关于一个主

① 原文为 envelope，本义为“信封”，前文及此处出现加引号的该词均译作引申义“外围层”。

图172.左图
詹姆斯·麦克尼尔·惠斯勒
《蓝色与绿色的夜曲》
1871年
板面油画
50.2 cm × 59.1 cm
泰特美术馆
伦敦

图173.右图
《议会大厦·泰晤士河上的倒影》
1905年
布面油画
81 cm × 92 cm
马蒙丹博物馆
巴黎

题的和声”。两位艺术家作品中有着同样的地点和渲染着蓝绿色的天空，但同莫奈那从黑暗的泰晤士河中蹿出的深紫色和翠绿色的塔楼（图 173）相比，惠斯勒的画作显得优雅而柔和。这些绘画由一位正值花甲的艺术家所作，其张力显示了莫奈从绘画这一行为中所获得的惊人能量;《伦敦》组画是在名副其实的狂乱中创作出的，画布被一张接一张地扯出，并在光线改变之前碰上几笔。他向爱丽丝抱怨道:“在这个国家，一个人无法当场完成任何作品，同样的效果绝不会出现第 2 次。”在这一点上，他自称在同时绘制 50 幅画作。在这一匆忙的活动中，作画刚一开始，便迅速尝试抓住瞬时效果，随着它们在眼前消散变形时，紧接着便是在画室中的有更多思考时间的“最后修整”阶段。直到 1904 年，莫奈才认为该组作品做好了参展的准备，此时距他最后一次伦敦之行已过了 3 年。到了这个阶段，面对主题的绘制工作只不过是将该组画作为整体进行协调及调整的一项准备工作。回到吉维尼，他便开始用萨金特为他准备的一张照片，帮助自己回忆议会大厦的结构。不过，1905 年，当他被因放弃自然观察之伟大原则而受到指责时，曾气愤地回复道:

它根本不重要;不论我的《大教堂》组画、《伦敦》组画还是甚至其他任何作品是否是写生画，都是我自己的事，和其他人无关。我认识许多写生艺术家，创造出的却不过是垃圾……结果才重要。

外光派画法和艺术家不用画室的神话对莫奈来说已不再重要，他已成为法国风景画流派的泰斗。

8

图174
《从玫瑰花园看莫奈之家》（图201局部）

伦敦系列的画作为莫奈19世纪90年代的组画画上了圆满的句号。当它们于1904年公开展出时，莫奈已是花甲之年，且正要开始一组同其早期任何一幅作品都同样费力的新画作。之后20年的时间里，他主要全身心投入在一组描绘吉维尼花园以及专注于睡莲池的巨大装饰油画的绘制上。在某些方面，伦敦作品中的不懈重复、紧凑以及情绪化，在字面和隐喻两方面都可作为这组挑战视野极限之作的起始点。

事实上，莫奈的生命中有超过1/4的时间是一位20世纪艺术家；他活到了1926年，一直画到生命的最后一刻。在米莱和库尔贝这样的画家的陪伴下，他于19世纪60年代开始了职业生涯；他去世时，巴勃罗・毕加索（1881—1973年）、亨利・马蒂斯（1869—1954年）和乔治・布拉克（1882—1963年）已成为耳熟能详的名字。他的寿命长到足以尝遍见证功成名就的快乐——这样的身份拒绝他已久，如今却紧随其后，却从未让这份迟来的赞誉掩盖住他对奋斗岁月的记忆。不同于1900年接受国家勋章的雷诺阿，莫奈拒绝接受法国荣誉军团勋章，且仍将自己视为一个反叛者。

莫奈退出公共生活的迹象在1900年以后表现得更为显著。他在古稀之年依然保持着异常的健康与活力，但他身边的人却不能以此来形容。爱丽丝・奥修德于1911年去世，紧接着是莫奈的长子——让的英年早逝，他于1914年死于一种退行性疾病——很可能

是梅毒。让临死前和他的妻子布兰奇搬回吉维尼，布兰奇即莫奈的继女和儿媳，作为管家和同伴留下来陪伴艺术家。他深受妻儿去世的影响，且在印象派同行们相继先他离世后感到越发孤独，遂变得离群索居，极少也极不情愿离开吉维尼。尽管名声显赫，他却同新兴的艺术家们少有来往。一些欣赏他作品的年轻画家在吉维尼找到他，他对之给予了不倦的热情：皮埃尔・博纳尔（1867—1947 年）和爱德华・维亚尔（1868—1940 年）都成了常客，马蒂斯可能也在 1917 年到访过这座房子。莫奈很少去巴黎，且到了世纪之交时，他在吉维尼的私人世界已形成了一个专门服务于大师需求的无所不包的支持体系。他的住宅区不仅是他的家庭生活和避难所，还是他的绘画主题。

莫奈不确切地宣称："我把挣得的所有收入都投在了这些花园上。"虽然他把不少钱都存下来购买基金和股票，但照料吉维尼花园无疑是一项昂贵的事情。20 世纪 20 年代，莫奈曾委托一名园丁在他每天早上坐下来画画之前，洗去这些水生植物上的灰尘。每年料理花园的开销高达 4 万法郎，与他同一时期银行账号上的利息收益持平。园艺显然是莫奈一大快乐的源泉，但可被看作是一项精明的投资。他不再需要进行昂贵而艰苦的绘画之旅，而是发现所有的素材就在正门外（图 175）。从 1900 年到他生命的最后几年之间，他绘制了 250 多幅关于花园和睡莲的画作，其中几幅规模较大的每幅标价为 3 万法郎。由此看来，6 位园丁的工资可以被合理地称为与工作相关的开销。

图175
莫奈在吉维尼花园中
约1924年

自 19 世纪 90 年代，吉维尼花园日益成为画作的某种三维模式或草图——其中密布着如色块排布的鲜花。新购置的几块土地扩大了艺术家的画布，并允许他自由地进行试验。种植计划不仅根据季节而变化，还遵循着白天变化的光线，仿佛整个花园是一个巨大的日晷。因此，橙色系的花——如桂竹香和鲜艳的郁金香被种在了朝西地区，以强化最后一束阳光的鲜艳色彩（图 176）。1933 年——

当时由布兰奇·莫奈在艺术家去世以后继续维持花园，一位英国作家——史蒂芬·格温描述了花园里栽种花朵的方式，“并不是像法国惯例那样，以对比鲜明的团状分类进行大量种植，而是零散地播种”，以产生分色（broken colour）——“无数闪烁而明亮的小点”——正如艺术家画中所描绘的那样。

从未见过吉维尼花园的作家马塞尔·普鲁斯特（1871—1922年），用充满诗意而准确无误的语言形容它：“与其说满园的鲜花，不如说是满园的色调与色彩。”莫奈用花园中的一个地区——38个“颜料盒苗床”来试着结合色彩；薇薇安·罗素曾指出，莫奈是在

图176
吉维尼朝西的狭长花坛

图177.右页
《荷兰的郁金香田》
1886年
布面油画
65.5 cm × 81.5 cm
奥赛博物馆
巴黎

1886年第2次去荷兰的途中想到的这个方法，届时他画了商品郁金香栽培者的田野（图177）。

渐渐地，花园本身便形成了一个主题。到新世纪（20世纪）初为止，莫奈已在吉维尼生活了17个年头。他是如此熟悉它，以至于他能够转变作画方式，即由一年四季有规律的户外作画转变为依照季节的周期性变化：夏天在户外作画，冬天则在画室里。到了20世纪10年代，他已不再描绘冬天的场景，而是只选择在5月和9月的花季期间描绘花园。有些地区成了真正令他痴迷的题材——日本桥（图178）、玫瑰巷，尤其是睡莲

池。“东方”花园或水花园最为吸引他。不同于围绕着房子本身的“西式”花园，他从头到尾，一手设计了整个水花园。他可能喜欢其想象中的东方风格、花圃区的异国情调以及渐渐挂满紫藤的桥那雕塑般的形状。不过，主要的吸引力还是来自睡莲池。这位“水的拉斐尔”(Raphael of water)一旦抛弃了海洋、塞纳河与泰晤士河，就在这个池塘反光的表面找到了他所需要的一切。

在20世纪10—20年代，这一主题的限制与形式上的创新和

图178
吉维尼水花园中的日本桥

图179.右页
《睡莲》
1907年
布面油画
100 cm × 73 cm
马蒙丹博物馆
巴黎

图180.286-287页
《睡莲——云》
1903年
布面油画
74.6 cm × 105.3 cm
私人收藏

极为大胆的作画方式结合起来。和早期组画一样，专注于单一的主题使得艺术家可以自由地以多种表现手段进行试验，使他有机会运用更强烈的色彩以及更具表现力的不羁笔触(图179)。在某些画中——甚至是20世纪初的那些，几乎不可能辨认出主题。这在面对画作“本身”(in the flesh)时给人印象尤为深刻；充满活力的笔触和涂料的质地——在复制品中没那么明显，与其说看似在揭示那名义上的主题，不如说是在掩饰。这种对表面区域的迷恋长期以来是莫奈画作的一个特征：可从《花园中的女人》(图

36）的平面模式，一直追溯到19世纪60年代的蛙塘场景、19世纪90年代的圣拉扎尔之作以及鲁昂大教堂组画，在将池塘水面作为题材的睡莲组画中达到极致。正是这一点超过了他艺术的其他方面，逐渐成为20世纪绘画的主流——尤其是在美国，他有如此多的画作将在那里找到归宿。关于20世纪中叶困扰艺术家们的问题，莫奈都已在他的吉维尼时期进行过探索：批量生产创作、连续性、扁平化、在二维画面中表现三维，以及创意存在于风格而非题材的观念。尽管他相对孤立且年事已高，但他的作品却以一种有时连他最早的赞助人都为之震惊的方式继续发展演变。

莫奈的第一组重要的描绘花园之作遵循了组画的方法，选取单独一个题材进行深入研究。在1904—1908年，他开始绘制150多幅描绘睡莲池的作品，而睡莲池所在的花园最近刚被扩建。他每年都用不同的视角展开一组新的创作。他说自己希望这些"水体景观图"（paysages d'eau，英文为water landscapes）成为"没有天气和季节的作品"。他已除去了画中对当代生活的偏好，如今正在抹去特殊性的残余痕迹。

普遍化的进程已发展到极致：最后一批吉维尼组画中只剩下水、植物、地面和天空（图180）。随着主题的简化和画布尺寸的扩大，观者的注意力被从画作的题材转移到了画作的表面上。实质上，莫奈描绘的是没有景深的表面；他兼顾池塘的表面和内部，同时认识到透明且杂草丛生的深处以及在其上方摆动的看似明亮的倒影。在与作家弗朗索瓦·泰保特－西森的对话中，他解释如下：

该主题的精髓是水的镜面，其外观无时无刻不在发生改变，因为天空区域反射在其中……过往的云朵、逐渐增强的微风、悬空而后降落的种子、时而吹拂时而戛然而止的风、忽明忽暗的光线——这一切……转化了色彩，惊动了水面。

“水体景观图”对这些似是而非的画作来讲是个好名字，也可被称为水中云景图（water skyscapes），因为地面被缩减至边缘处，或完全不出现。地平线已消失，且如果有天空，就会出现在陆地下方——颠倒了两者正常的关系，通常水域填充了整个前景。莫奈偶尔还会使用圆形画布，这就进一步扭曲了观者的感知；画面拒绝呈现西方绘画中一贯的固定视角，显得怪异而让人错乱（图 183）。

莫奈对睡莲的喜爱受到工艺装饰艺术家们的广泛推崇。它们的平面化和简单几何曲线吸引着来自新艺术甚至装饰艺术（图 181）的从业者们。它们也出现在沙龙展绘画中，作为嬉戏中的水中仙女的背景，或用以阐明古希腊传说中的纳喀索斯——一位爱上自己水

图181
让·杜南德
漆器
镀金的珠母贝床
私人收藏

中倒影的年轻男子。莫奈自己也曾被人解读成纳喀索斯的形象，在无尽的狂喜中注视着他在自家花园中所挖的无底洞深处——堪称自我沉溺的终极形式（图 182）。不过，他在画作中似乎关注于完全抹去自己的存在——在这些晚期作品中，地面和天空已消失，只剩下水域，向画布的边缘处吞噬。

莫奈的睡莲中的“东方”（oriental）特质常被来访者和评论家所提到，虽然事实上，这些花产自非洲，并不是亚洲杂交植物。不过，花朵在水面及画布上漂浮的方式，使人联想到日本的版画，其中一幅实为莫奈所有的葛饰北斋作品（图 184）即属于典型。莫奈对空间的类似处理引起评论家路易斯·吉勒特对《睡莲》组画的批

图182
莫奈在睡莲池中的影子

图183
《睡莲》
1908年
布面油画
直径90 cm
阿方斯-乔治・普兰
市立博物馆
韦尔农

评，称其仅仅是在攻击以人类为中心的西方宇宙观，并用“东方的”谦逊无我取而代之。且当“水体景观图”于 1909 年在丢朗－吕厄画廊展出时（图 185、图 186），并未受到无条件的欢迎。尽管不少评论家认为展览大获成功——一位英国评论家罗伯特·戴尔将这些画作形容为“很难用看起来不夸张的方式去表达的美”，但莫奈的作品也受到了来自两个方向的攻击。保守派评论家认为这些作品既没有形体也没有实质内容，而有些先锋派成员如今则认为它们不够激进。随着装饰品这一曾经流行的概念变成了一个贬义的标

图184
葛饰北斋
《牵牛花》
约1830年
木版画
25.6 cm × 38.3 cm
吉美博物馆
巴黎

图185.右页左图
保罗·丢朗–吕厄
约1909年

图186.右页右图
丢朗–吕厄画廊的《睡莲》展公告
1909年

签，莫奈也日益被说成是过于感性和肤浅的。他的画作被视为过于赏心悦目而不足以悦人心智。生平第一次，他在塞尚的作品前相形见绌——塞尚在 1906 年去世后开始声名鹊起。

对于年青一代的画家来说，塞尚比莫奈更能指明前进的方向。莫奈对色彩和谐与画作表面的兴趣，在塞尚那里被替换成对所描绘物体之结构的痴迷。两位艺术家都排斥自文艺复兴起即被西方艺术家所使用的错觉艺术惯例，并都试图寻找一条关于如何在二维画面中表现三维这一问题的解决途径。莫奈的作品变得更加平浅，而塞

尚则专注于“深度”视图，他将其分解为独立的若干个平面，为主题营造了一种形体上的稳定感（图 188）。塞尚对这位自己终生崇拜的艺术家之作品的评论总结出了两人方法间的差异：“虽然他仅有一只眼睛，但是，那却是多么神奇的一只眼睛啊。”[①] 塞尚的作品则同时结合了思想与感觉。

到了 1900 年，巴黎已成为当之无愧的艺术之都。其保持该地位长达半个世纪，直到第二次世界大战结束时，纽约取得了艺术上的领先地位。在 20 世纪 10—20 年代，巴黎的艺术院校中满是来自世界各地的年轻画家和雕塑家，其中就有毕加索和布拉克。在他们手上，塞尚看待世界的方式已演变成为立体主义，而像一幅布拉克早期

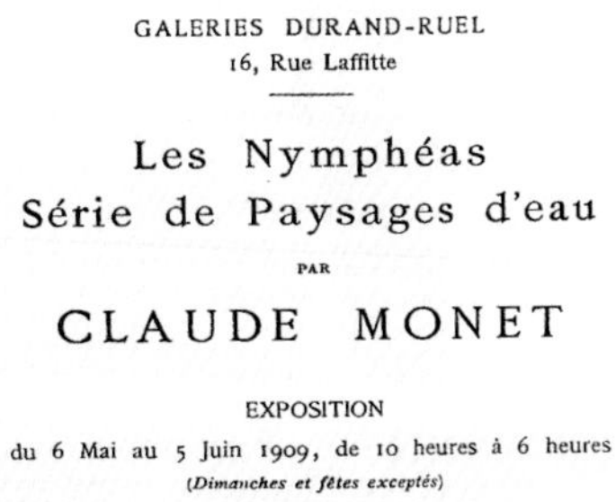

GALERIES DURAND-RUEL
16, Rue Laffitte

Les Nymphéas
Série de Paysages d'eau
PAR
CLAUDE MONET

EXPOSITION
du 6 Mai au 5 Juin 1909, de 10 heures à 6 heures
(*Dimanches et fêtes exceptés*)

风景画这样的作品（图 189）显然与这位年长艺术家的作品有关联。其他作品，如毕加索的《亚威农少女》（图 187）则与之截然不同。

《亚威农少女》常被称为第一幅立体主义之作。其扭曲的面庞和身体以及刻意的粗陋仍然具有震撼人心的力量。莫奈对风景画所做之事被毕加索用在人物上——省却了在二维画面中刻画三维的主导惯例。欧洲艺术 500 年以来的基础——单点透视遭到摈弃：画中的人物汇集了来自不同角度的观察，否认了单一固定角度的有效性。不过，这幅画作的确与 19 世纪的创新之作——包括马奈的《奥林匹

① 原文为 Il n'était qu'un oeil, mais quel oeil，英文为 he is only an eye, but what an eye。

亚》和莫奈自己的《花园中的女人》有着多重关联。平面化——这一在莫奈画中日益重要的元素，在《亚威农少女》中仍然十分明显，但均匀的透视被参差不齐的断裂面所取代。用20世纪中叶的评论家克莱门特·格林伯格的话来说："(莫奈)触到了传统绘画的影子，立体主义则触到了骨髓。"

尽管在错觉透视之外另辟蹊径的意愿将两位艺术家关联起来，但毕加索作品中的暴力却被视为画家不愿取悦于人的标志性产物。20世纪初，毕加索及其立体主义同行们还在相对默默无闻地坚持作画，而莫奈已成为法国艺术的公众人物。他们之间并没有接触：年长的艺术家在到访巴黎时，并没有追寻到这些年轻人的画室，而他们可能也觉得这位印象派大师为自己提供不了什么。1926年，当有人给莫奈展示了几张立体主义作品的照片时，他将它们推到一边，说："这对我起不到任何作用。"

图187. 上图
帕勃罗·毕加索
《亚威农少女》
1907年
布面油画
244 cm × 234 cm
当代艺术博物馆
纽约

图188. 左下
保罗·塞尚
《埃斯塔克的海》
1883—1886年
布面油画
73 cm × 92 cm
毕加索博物馆
巴黎

图189. 右下
乔治·布拉克
《埃斯塔克的房子》
1908年
布面油画
73 cm × 65.1 cm
艺术博物馆
伯恩

莫奈所喜爱的年轻画家，如马蒂斯、博纳尔和维亚尔，和他一样对大规模装饰设计感兴趣。这类项目在某种意义上是欧洲传统壁画的延续。1908年，莫奈和爱丽丝到访威尼斯城——那里的光常年反射在水面上。此行似乎重新燃起了他对建筑的兴趣（图190），同时也加强了他绘制宏大规模作品的积极性。他赞赏16—17世纪的伟大威尼斯艺术家的作品。大型壁画不仅装饰着教堂，还装饰着贵族的宫殿。它们使观者显得渺小，使家具显得多余（图191）。莫奈越发被创作一个彩色房间的想法所吸引，在那里，他的作品将会把观者完全包围。在这一点上，他比伟大的革新者毕加索更为接近20世纪末的艺术；巴黎橘园美术馆的《睡莲》组画既是古代传统的巅峰，又是1960年之后的"装置艺术"(installations)时期的先驱。用绘画来装饰一个房间和一个靠画作来营造整体环境的房间之间的区别，本质上是艺术作为装饰品和艺术作为一种情感体验之间的区别。莫奈的画作为一个整体，其不可抗拒的效果自该组画展览之初以来一直受到关注。1909年的展览让几位评论家不禁哀叹起这

些作品的宿命：

我一想到这些迷人作品接下来要分离四散，而仅仅构成一幅幅单独的作品，就无法不感到悲伤；为了一幅接一幅地完成这些作品，它们将被拼在一起，但仅此一次……以便配合它们所阐释的整个观念和整体诗意的感觉。

将这些画作比作诗歌虽然空洞，但却极其动人。该比喻意味着绘画作品的地位由令人愉悦的工艺品转变为精神体验。评论家们反复哀叹这些画作接下来的分离四散，并精明地估算着它们的市场价

图190.左页
《大运河和安康圣母教堂》
1908年
布面油画
73 cm × 92 cm
私人收藏

图191
拉比亚宫
威尼斯
乔安巴蒂斯塔・提埃坡罗
约1745—1750年

值，号召一位“百万富翁”购买或委托定制一整套。1914 年，克列孟梭对艺术家说：“莫奈，你应该搜寻到一位非常富有的犹太客户，他将预订你的睡莲并将之作为他餐厅的装饰品。”在 19 世纪 70 年代奥修德一家的罗滕堡中，莫奈曾为餐厅绘制装饰油画。艺术和美食之间的联系对他而言并非一桩新鲜事物，且实际上，他是为数不多的通过出版而使家庭食谱增光的艺术家中的一位。克列孟梭的关于进食艺术的想法很吸引他；《音跃巴黎》期刊的评论家阿森・亚历山大曾写到莫奈：“画家很想拥有一个简朴的环形房间，面积用来装饰恰到好处……房间里除了摆在中央的桌子以外，什么也不放。这将是一个餐厅，周围环绕着这些神秘魅惑的倒影。”美国艺术家马

克·罗斯科（1903—1970年）曾中途放弃了纽约四季饭店的一笔丰厚佣金，因为他拒绝迎合“有钱人那贪婪的奢侈”。不同于罗斯科，莫奈本身就喜欢优越的生活，觉得没有理由不结合食物和艺术的双重感官享受。

不过最终，预计的方案演变成了一座公共纪念碑——一个神圣的小礼拜堂，而不是一间私人餐厅。在罗杰·马克斯发表在《美术报》上的一篇文章中，曾用莫奈的言辞来描述它：

我曾一度很想用睡莲主题来装饰一个房间；延伸其墙面的长度，以统一包围所有墙画，它将造成无穷无尽的错觉，如同没有地平线和海岸的波浪；过于紧张的神经将在那里得到放松，与这些平静的水面所做出的宁静范例相一致。而对一个可能在那儿生活过的人来说，这个房间本应在一座开花的水族馆的中心处呈现为一个安静冥想的庇护所。

马蒂斯曾有过类似的主张，他想要他的艺术有如为一位疲惫商人准备的一把舒适的扶手椅，“一剂舒缓的心理镇静剂”。莫奈想得更进一步，他的目标是既想安抚观众，又想征服观众。到了1914年，他决定开始绘制一组巨大的花园之画，按国家委托的比例来使用画布。他将之称为自己的“大型装饰品”（Grandes Décorations），似乎从一开始就有将它们作为一笔公共收藏而告终的想法。莫奈大约在1914年夏天第一次世界大战爆发时开始创作，其初衷很快就变得更加宏大。

已年逾古稀的莫奈开始创作一组庞大而野心勃勃的作品。他已从1911年爱丽丝去世后患上的长期抑郁症中恢复，并在乔治·克列孟梭那里找到了新的激励和陪伴（图192）。这一关系建立已久——他们第一次相遇是在19世纪60年代巴黎的烈士酒馆。在那个阶段，克列孟梭正在进修医学，但他的主要兴趣在于写作和政治。

图192
乔治·克列孟梭、克劳德·莫奈和莉莉·巴特勒在日本桥上
1921年

图193
家中的2名士兵
1916年
从左至右依次为：布兰奇·奥修德-莫奈、米歇尔·莫奈、克劳德·莫奈和让-皮埃尔·奥修德

我能够重新开始作画，这是我避免去思考这些动乱时代的唯一途径。然而，当我自己投身于艺术研究之时，那么多的人民却在为我们受苦和牺牲，有时一想到这里，便深感惭愧。

事实上，莫奈的作品的确起到了鼓舞士气的作用。随着法国又一次在军事中鲜有引以为傲的成就，这一点便显得尤为重要。

一位回顾了战争爆发以来的首次沙龙展的评论家——克莱门・亚宁阐明了这种针对德国的感观精神胜利法的重要性。这场沙龙展于 1916 年春天开幕，正值可怕的凡尔登战役——米歇尔・莫奈的军营就驻扎在那里。在这种情况下，亚宁指出，艺术给予了慰藉，并提出了对乐观主义的召唤：

啊！如果有记述这场艰巨战争以及我们人民那史诗般勇气的历史学家，四处寻找这生于乱世且被未来所赞誉的杰作，那将是怎样的报复！如果他能大喊："尽管野蛮人摧毁了雷米、鲁汶和苏瓦松的大教堂、伊普尔的'菜市场'以及阿拉斯钟楼，但法国却感到她的天才被唤醒，弥补了这些灾难。她将人类所丢失的东西重新还给他们。"那将是怎样的成功！我们的军队搭起了如此强大的屏障以对抗敌国，告诉他们"你们不该再继续前进"，以至于画家又一次信心满满地拾起了画笔……每个人都要回到工作中去……他们都希望以自己的方式参与到神圣的保卫战和胜利当中。

尽管莫奈可能对亚宁的艺术评论没有多少兴趣，但却认同其观点中艺术家所起到的振奋人心的作用。他生平第一次考虑直接为政府工作，同意绘制雷米那在战争第一年即被德国人炮击的美丽的哥特式大教堂的废墟。他在鲁昂的作品使雷米成了显而易见的题材之选——两座建筑同样作为法国中世纪艺术天才的表达方式而饱受赞

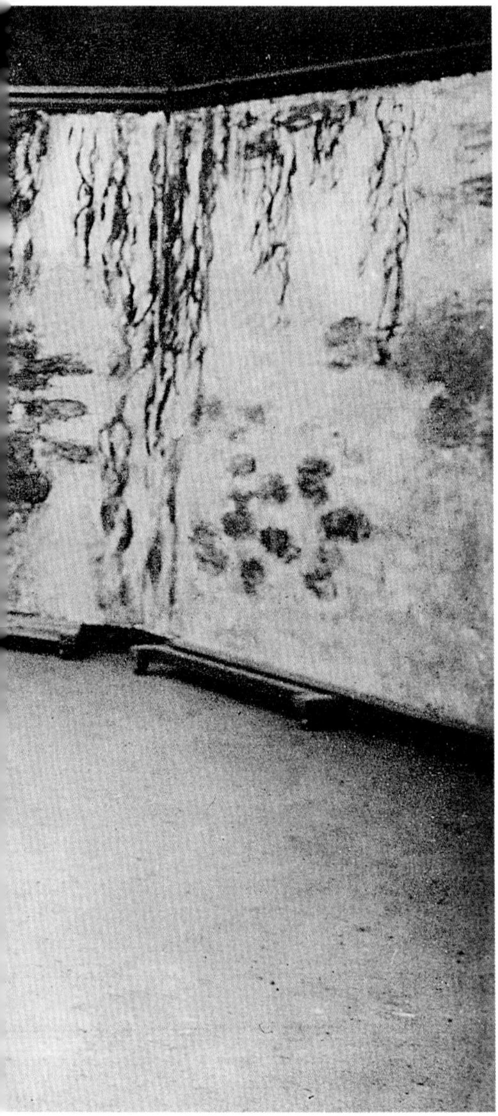

图194.左图
莫奈在画室中绘制
《睡莲》
约1923年

图195.右图
橘园美术馆中的
《睡莲》
1930年

图196
《大型装饰品·云》
左侧面板
布面油画
200 cm × 425 cm
橘园美术馆

图197
《大型装饰品・云》
中间面板
布面油画
200 cm × 425 cm
橘园美术馆

图198
《大型装饰品・云》
右侧面板
布面油画
200 cm × 425 cm
橘园美术馆

已用一个可从艺术轻松转移到政治上的用语——“回归秩序”取代了美好年代的放荡不羁。

在战后的艺术环境里，莫奈的作品看起来不仅过时，还显得极为衰弱。尽管大型装饰品（图 196—198）在某一方面是一座号召民族团结的战争纪念碑，但不是所有人都如此看待这项计划。而克列孟梭不得不主动把《睡莲》这组日益精心绘制的捐赠品，卖给一个囊中羞涩的国家——其必须解决把这些作品存放在一个特殊建筑中的高昂费用。

该项目从最初的 2 幅油画迅速增至 12 幅，然后是 19 幅。随着画作数量的增长，费用也在飙升；尽管《睡莲》组画正式来讲是一份礼物，但该捐赠行为却附加了一项额外条款，规定国家也必须同时购买《花园中的女人》。这幅画作的标价为 20 万法郎，且随着法郎的下跌而被进一步抬高——这笔巨款曾一度遭到拒绝。此外还有关于一座合适建筑的问题。起初，这些画作被计划安置在罗丹故居毕宏宅邸中的一个特别建造的展馆中，但议会委员会认为这未免过于夸张。

资金不是唯一的问题。莫奈的画并未受到普遍的欢迎，而这些不连贯且显然尚未完成的晚期作品，似乎也不值得受到这样的关注。不过，它们很受外国买家的喜爱，尤其是美国人和日本人。和过去一样，对作品可能遗失海外的恐惧坚定了法国政府的决心。莫奈曾在 1889 年对《奥林匹亚》使用过同样的威胁，但到了 20 世纪 20 年代，局势比 30 年前更为严重，且政府比以往更加清楚地认识到凭借艺术维护精神优越感的重要性。虽然他们可能希望《睡莲》组画从未被绘制，但是也不可能让这些作品离开祖国。

画作的交付被推迟了，一部分原因是莫奈不情愿将任何作品视为完工的想法由来已久，同时也是由于他视力上的严重问题。他在 1908 年第一次注意到病情恶化，但并未治疗，而是带病继续画了 14 年。他患上了白内障且视力逐渐退化——这对一个画家来说可谓是最糟的噩梦。他的 2 位印象派时期的同行——德加和卡萨特最后都失明了，而著名的讽刺漫画家杜米埃在同样的情况下接受的手术以失败告终。白内障的手术流程已完善，且莫奈的医生——库特拉先生是一位著名的专家。尽管如此，艺术家还是害怕手术，并一直拖延到他真的再也看不见为止，他甚至通过辨认颜料管上的名字来选择色彩。即使那样——当时他只有一只眼睛拥有 10% 的视力，其余什么也看不见，布兰奇和克列孟梭还不得不在他愿意接受手术前，对其软硬皆施。

如今的白内障移除手术既简单又快捷：将一个全新的塑料水晶体植入眼睛，不到几个小时，病人就能够看见东西了。不过在 20 世纪 20 年代，该项手术非常难做，复原过程痛苦难忍，且视力也恢复得很慢。为了能让伤口愈合，莫奈不得不静静地平躺，将手臂平整地放在两旁，眼睛则完全用绷带包上，且头部被沙袋支撑在合适的位置上（图 200）。这种折磨持续了 10 天，在此期间他除了凉茶和清汤什么也不能吃。当绷带被拆除时，他被要求戴上眼镜。

耄耋之年且有着一副坏脾气的莫奈几乎无法忍受适应眼镜的过程。眼镜主要存在 2 个问题：一是形态扭曲，这随着他的慢慢适应而逐渐减轻；二是颜色失真，这对艺术家来说要严重得多。随着白内障在 10 多年中缓慢发展——增厚且变得不透光，它已成为一副黄色而后是棕色的脏眼镜。渐渐地，莫奈对色彩的感知受到了影响——这在 20 世纪 20 年代早期——就在他手术之前的花园画作中表现得十分明显（图 174 和图 201）。虽然他知道自己“看不真切”，但却并未意识到自己对色彩感知的变化已到了足以补偿阻碍蓝色光谱的黄色晶体的程度。当白内障被移除时，便免不了要花些时间去重新适应色彩的范围：

我看到的一切都是蓝色的。我不再看到红色和黄色。这让我很恼火，因为我知道这些颜色的存在，因为我知道我的调色板上有红

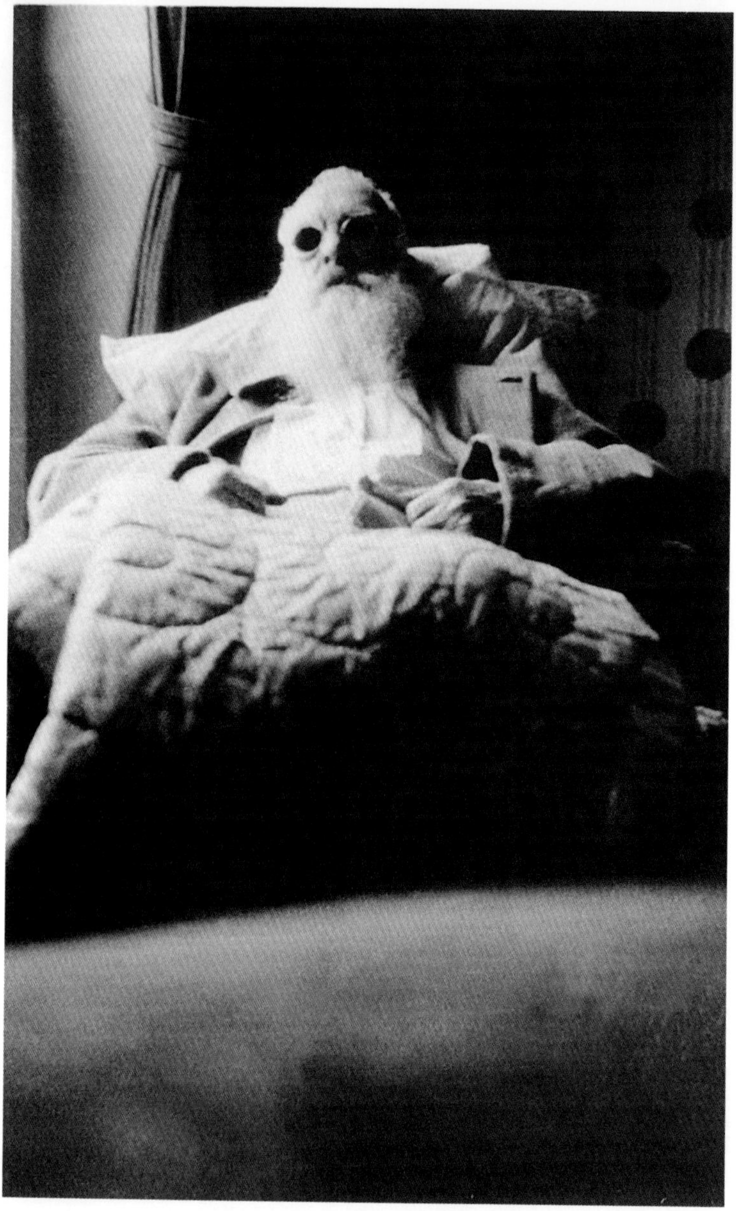

图200
1923年接受白内障手
术之后躺在床上的莫奈

图201.右页
《从玫瑰花园看莫奈
之家》
1922年
布面油画
89 cm × 92 cm
马蒙丹博物馆
巴黎

色、黄色、一种特殊的绿色和一种紫罗兰色。我不再像从前那样看得见它们，但却清楚地记得它们所给予我的那些色彩。

《从玫瑰花园看吉维尼之家》（图 202）具有这一时期幸存画作的典型特征——他声称毁掉了不少其他的画作。莫奈无意识的“蓝色时期”持续了几个月，在这之后，一副有着泛黄透镜的新眼镜帮助他修正了颜色失真。尽管如此，由于莫奈的双眼都受到白内障的折磨，而他只同意一只眼睛做手术，因此他再也不能用双目视觉进行作画了。他开始遮住一只眼睛在一张纸上作画，结果失去了对景深的某些感知。莫奈的眼疾常被拿来解释他的绘画风格，但晚期《睡莲》油画的极度大胆和简化并不是一种眼疾症状，而是其一生的艺术试验之巅峰。

图202
《从玫瑰花园看吉维尼之家》
1922—1924年
布面油画
89 cm × 100 cm
马蒙丹博物馆
巴黎

这些命中注定要被安置在橘园美术馆的油画并不是莫奈生命中最后几年所绘制的唯一一批画作。花园也提供了其他的题材——他绘制了 20 多幅玫瑰巷和同样数量的日本桥（图 203）。尽管红色在这些画作中的主导力量可能是白内障所致，但莫奈对颜料那不同寻常的处理方式完全是出于他对表面质地着迷的结果。这些绘画作品有着强烈的情感，给人一种艺术家身体力行投入到绘画材料中去的感觉。这预示着像杰克逊·波洛克（1912—1956 年）这样的画家的出现——其作品（图 204）与莫奈晚期的花园题材有着明显的密切关联。

多年以来，莫奈一直把自己展现为真正的印象派运动之领袖；一旦该运动被公众所接受，评论家和观众就越来越难以在他的作品中看到显著的变化，且除了预料之中的连续性以外，看不到任何东西。不过，他 20 世纪的作品在现代艺术发展中有着关键的地位，将 19 世纪的先锋艺术与直到 20 世纪中叶才完全出现的风格趋向联系起来。这对他最后几年的作品尤为适用。克列孟梭曾敏锐地觉察到，如果莫奈继续再画 10 年，画布上将不会有任何颜料；他的题材

图203.左图
《日本桥》
1918—1924年
布面油画
89 cm × 116 cm
马蒙丹博物馆
巴黎

图204.右图
杰克逊・波洛克
《圆形画面》
1948年
金属上的油画颜料和石墨直径58.7 cm
私人收藏

图205
《睡莲》
1916—1919年
布面油画
130 cm × 152 cm
马蒙丹博物馆
巴黎

图206.右页
克里斯托和让娜-克劳德
《比斯坎湾的环形岛屿，大迈阿密佛罗里达州》
1980—1983年

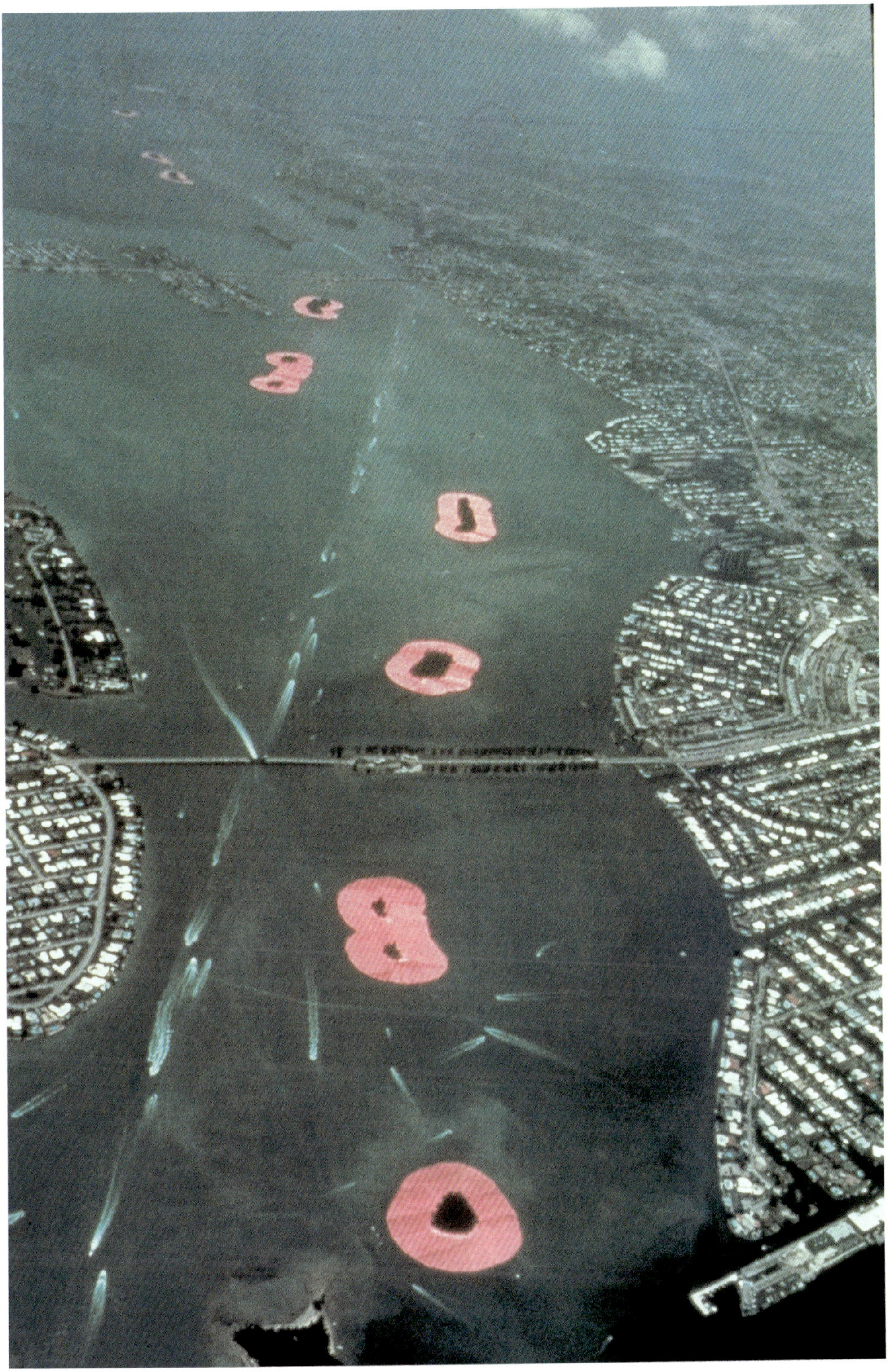

变得越来越超脱于物质形态，正如他将关注点从人类和城市转移到了田野与河流，然后是鲜花、白云和池塘。最后，他只画水中的光线——这是所有主题中最易消逝也最虚无缥缈的。橘园美术馆中的莫奈作品展示间按照实际规模模拟了花园的比例，并承认了将描绘世间作为事业整体的不可能性。它既是最后的实景模型，又是第一个装置艺术品；克里斯托和让娜 - 克劳德（2 人均出生于 1935 年）的装置艺术可被视为一件在现实生活中向《睡莲》致敬的庞大作品（图 205、图 206）。

关于大型装饰画的细节——关于油画的确切数量及其装置场所而展开的长期谈判，于 1922 年最终达成协议。决议放弃了单独环形空间的初始想法，转而在橘园美术馆的地下室设计了 2 个形状特别的无窗房间（图 2）——橘园美术馆是毁于 1871 年的杜伊勒里宫的一个附属建筑。它是一个完美的地点，正好在巴黎的中心地带，在卢浮宫附近且紧挨着塞纳河。1947—1989 年，它左边的双子塔建筑——网球场博物馆存放着国家收藏的印象派画作，包括《奥林匹亚》和《花园中的女人》。这 2 座建筑成为印象派的两个伟大圣地。

这些画作直到最后一刻还在被各种问题和不确定性所困扰，总共 22 幅作品，在莫奈去世以后才得以昭告天下。出于不信任，莫奈临终前嘱咐这些油画要被粘到墙上，这样它们就永远不会被移动了。它们最终于 1927 年被安置好，但是看上去已经落伍（图 195）。起初这里门可罗雀，而位于为数不多的参观者之列的克列孟梭，在碰巧看见这座他呕心沥血创立的丰碑之时，抱怨道：46 人中有 44 人是“寻找安静之处的情侣”。

莫奈于 1926 年 12 月 5 日在吉维尼的床上离世。至此，他已有 10 多年不在先锋派中流行了。他的画作似乎“过于漂亮”；它们被比作舞台背景和有色照片。关于这些大型装饰品，雅克 - 埃米尔・布兰奇于 1928 年写道：“这些画作倒过来看也将是大同小异，它们将有着同样的装饰属性；然而，毕加索 1912 年左右所创作的一幅结构严格的作品却无法被解读——以画家之意愿来展现的时候除外。”这位评论家又解释道，“他的作品在律师和外科医生那里十分畅销。”曾经只属于艺术家中少数派的画家，如今却代表了富裕阶层的大众品味。

如此长寿的莫奈已度过早期的艰难时期，享受到成功的硕果——并在自己不再广受世人敬重的情况下依然坚持画画。他的声望在 20 世纪上半叶略有下跌，但在 20 世纪 50 年代中期便开始出现一种看似永不停歇的涨势——彼时，美国评论家克莱门・格林伯

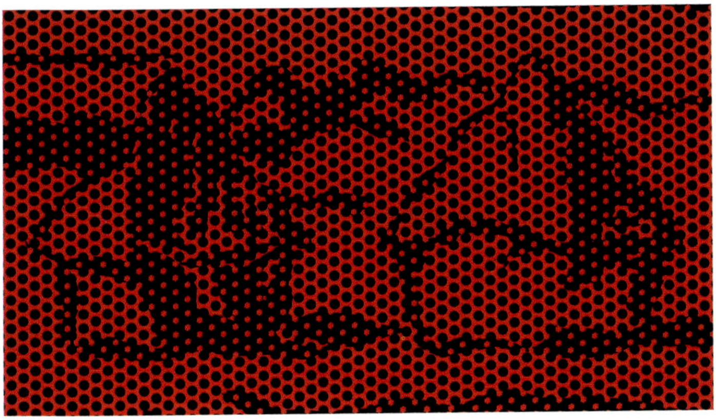

图207
罗伊・利希滕斯坦
《稻草堆6号》
1969年
平版印刷
34.1 cm × 59.7 cm
国家美术馆
华盛顿

格撰写了一篇关于其作品的严肃的历史评估。格林伯格是美国战后运动——即众所周知的抽象表现主义的捍卫者，且正是通过他对莫奈的解读，才使得艺术家再次开始扮演现代艺术发展中的核心人物。如今他似乎已风靡全球：不仅他本人是学术研究中必不可少的一项课题，而且他的名字也是确立展览出席人数记录的保障。

一直以来，莫奈都操纵着媒体，并乐于与画商及评论家们合作以塑造一个受人崇拜的形象。在这位伟大的创造者和“天生的”（natural）艺术家的晚年里，莫奈的神秘感没有因他的隐居而消失，并且他开始因为自己崇高的历史地位而受人尊敬。记者、消费者和

崇拜者依然到吉维尼找他，关于他的书籍和文章在 20 世纪 20 年代层出不穷。从第一次世界大战结束直到他去世，关于“吉维尼朝圣之旅”的报道往往带有神秘而敬畏的语调。1927 年——就在莫奈刚去世以后，画商雷内·金佩尔将那间画室形容得仿佛一座圣殿，且带着崇拜之情列出了画笔的数量和颜料的管数：

> 画室中秩序井然、一丝不苟。大约 40 个纸板箱整洁地排列在大型脚手架上。它们装有大管的颜料——全部完好无损，且长度大致相同。在一个光滑的陶罐里，有 50 多支无比干净的画笔；第 2 个陶罐中大约有 30 支画笔，且还有 40 多支排列在长凳上——都是 2 cm—3 cm 宽。他有 2 个调色盘，全都小心翼翼地清理干净了——它们被精心保管得如同新的一样。只有其中的一个上面有颜料——钴蓝色、海蓝色、紫罗兰色、朱红色、赭石色、橙色、深绿色、另一种绿色（不过并非浅绿色）各自成堆——只有几种颜色，且调色盘中间是大量的白色——雪白色。印象派就起源于这堆白色。

图208-209
莫奈周边商品

或许这种“细目清单”（laundry-list）方法的最惊人之处便是最终承认了画室的存在——并且是以出版的形式。不过，对金佩尔来说，正是物质材料的朴素与作品精神的浩瀚之间的反差，展现了艺术的魔力。画商在为利润丰厚的市场——爱艺术的美国公众撰写一篇文章，显然把莫奈当作一名魔法师，而非衰老的工匠更符合他们的利益，但人们不该对他的动机过于愤世嫉俗。此次参观无疑令人感动，而那些画作也颇为壮观。

今天的那里也没什么变化。莫奈很可能是世上最受人喜爱的艺术家。他的作品得到了从未见过其真迹的人们的认可，并已成为印象派——西方最受欢迎的艺术运动的某种企业徽标（图 207）。他的画作赢得了天价，且每年都拥有看似层出不穷的研究论文和专著。吉维尼的朝圣之旅已成为一项大众娱乐活动，几千名游客拥入 2 座

花园和简朴的房子，望着画室中他画作的复制品；他们把纪念品带回家，通常有项链、钥匙链、电脑鼠标垫、T 恤和拼图等，所有这些设计都源自莫奈的画作（图 208、图 209）。艺术家安德烈·马松（1896—1987 年）曾将橘园美术馆形容成“印象派的西斯廷礼拜堂”，这是一个生动的比喻，因为曾经针对宗教的崇拜似乎日益转向了艺术。米开朗琪罗（1475—1564 年）的画作因其神圣主题

图210
在睡莲池边作画的莫奈
约1920年

及其所装饰的礼拜堂的神圣功能而受人崇拜；橘园美术馆受到尊崇是因为它包含了莫奈的作品。他的这些图像几乎没有内容，因而也没有什么可以分散其作为画作的价值。在某种程度上，这是莫奈的完美结局，因他曾解释说：“我想要画空气的美……但这完全是不可能的。”（图 210）

爱德华·马奈（Édouard Manet，1832—1883年） 曾在托马斯·库图尔（1815—1879年）处接受画家培训。马奈将对早期绘画大师的仰慕同对现代生活题材的兴趣结合起来。他的《草地上的午餐》（展于1863年的落选者沙龙）和《奥林匹亚》（展于1865年的官方沙龙）确立了他反对艺术传统惯例之反叛者的地位。正因为如此，他成了印象派的偶像，但他从未和他们一同参展。他同莫奈的友谊有利于他们双方的作品。莫奈是在马奈葬礼上唯一一名担任抬棺者的印象派画家，并于1889年引领了代替政府购买《奥林匹亚》的运动。

贝尔特·莫里索（Berthe Morisot，1841—1895年） 印象派团体的一名创始成员，在8次团体展中参展了其中的7次。她与马奈关系尤为密切，并于1874年嫁给了他的弟弟欧仁。她专注于以明亮的色彩和流畅的笔触刻画人物场景，通常在户外展开。

乔治·佩迪（Georges Petit，1856—1920年） 于1877年从父亲处继承了一家经营得极为成功的画廊，且将交易对象从建立公司财富的学院派转向不那么遵守惯例的艺术家们。1878年，他在奥修德收藏品拍卖中担任估价师时，开始购买印象派的作品。他自1882年开始举办迷人的团体展，莫奈、毕沙罗、雷诺阿和西斯莱都在19世纪80年代参展。他还筹备了1889年那场重大的莫奈和罗丹共同回顾展。他是莫奈的一项重要的收入来源。

卡米耶·毕沙罗（Camille Pissarro，1830—1903年） 出生于西印度群岛，在巴黎的斯维斯画院接受培训，大概是在那里第一次遇见莫奈。他在普法战争期间客居伦敦的时候，其路维希安的房子被普鲁士军队洗劫一空，他和莫奈都丢失了存放在那里的许多幅画。他于1874年协助举办了第一场印象派团体展，且是唯一一位全勤参加了8次团体展的画家。他在19世纪70年代曾与塞尚一同作画，并在那个时期对高更影响至深。1885年，他遇到了修拉和西涅克，并一度使用新印象派的点画法作画。毕沙罗的很多画作都展示了农民劳动的场景。

皮埃尔－奥古斯特·雷诺阿（Pierre-Auguste Renior，1841—1919年） 工薪阶层背景，起初给一名瓷器画家当学徒。他在格莱耶的工作室画画，在那里遇到了莫奈、巴齐耶和西斯莱，随后进入美术学院。他在19世纪60年代同莫奈密切合作。他参加了前3次的印象派团体展，且丢朗－吕厄在1882年的展览上也把他包括进来，但自1878年，他便定期地在沙龙展上展出作品。19世纪80年代，莫奈和雷诺阿的作品在风格和主题上已迥然不同：莫奈专注于风景画，而雷诺阿则日益对人物研究产生兴趣。

乔治·修拉（Georges Seurat，1859—1891年） 出生于巴黎的一个中产阶级家庭，他在国立美术学院学习，并在那里对米歇尔－欧仁·谢弗勒尔和奥格登·鲁德的科学色彩理论产生了兴趣。他尝试着把两者的想法付诸实践，并依照一个能精确演绎不同颜色间关系的方法来作画。这使他研发出了点彩派或点画派的技巧。其《大碗岛的星期天下午》于第8次印象派团体展中展出，该画显然与早期印象派对城市消遣活动的研究有关，但它令人惊叹的技巧确立了他作为新一代先锋艺术之领袖的地位。

保罗·西涅克（Paul Signac，1863—1935年） 在参观了1880年《现代生活》办公室的莫奈展后，受到启发开始画画，1884年遇到修拉之后，开始运用点彩派技巧。他同毕沙罗以及费利克斯·费内恩关系密切，并对他曾于1889年在阿尔勒所拜访的凡·高有所影响。修拉英年早逝后，西涅克便接着帮忙推广新印象派。他于1899年写下了这本影响深远的书——《从欧仁·德拉克洛瓦到新印象派》，坚定地将新印象派置于法国艺术传统当中。

阿尔弗雷德·西斯莱（Alfred Sisley，1839—1899年） 生于巴黎，却拥有英国国籍，在格莱耶的画室接受培训，在那里遇到了莫奈、雷诺阿和巴齐耶。他参加了5次印象派团体展。他原则上是一名风景画家，专攻于他曾居住过的巴黎西部及东南部地区的安静乡村场景。

詹姆斯·麦克尼尔·惠斯勒（James McNeill Whistler，1834—1903年） 生于美国，曾在巴黎跟随格莱耶学画，1859年搬至伦敦。他是连接欧洲和美国艺术界之间的一条重要纽带，既同库尔贝、马奈和莫奈有所来往，也和英国前拉斐尔派的艺术家们有交集。19世纪60年代，他开始以强调其视觉特质而淡化其主题重要性的方式来给画作命名；他的“改编曲”和“和声”可能影响过莫奈。

爱弥尔·左拉（Émile Zola，1840—1902年）

在普罗旺斯的埃克斯长大，是塞尚的童年好友。他作为一名现实主义传统作家支持马奈和印象派，认为其作品在视觉上等同于他对当代社会所做的“科学”研究。他的小说《杰作》出版于 1886 年，令他的许多艺术家朋友感到不快——他们怀疑自己被当成了故事中那位失败画家的原型。1898 年，他的文章《我控诉》抨击了法国当局对德雷福斯事件的行为。结果，左拉被短暂监禁了，但文章却达到了想要的效果，即将公众的注意力集中到了对德雷福斯审判的不公上。

年表

克劳德·莫奈的生平及艺术创作

1840 奥斯卡-克劳德·莫奈于11月14日出生在巴黎的拉菲特大街45号。

1845 莫奈一家搬到了诺曼底的勒阿弗尔港。莫奈的父亲加入其姐夫雅克·列卡德——一位船用蜡烛兼食品杂货商的生意。

历史事件

（主要为法国背景，除非另有说明）

1840 爱弥尔·左拉和奥古斯特·罗丹出生。

1842 奥诺雷·德·巴尔扎克开始创作《人间喜剧》系列小说。

1847 英国：夏洛特·勃朗特的《简·爱》出版。

1848 法国大革命致使国王路易-菲利普退位。法兰西第二共和国建立起来。路易-拿破仑当选总统。
亨利·穆杰的《波西米亚人的生活》出版。
德国：卡尔·马克思和弗里德里希·恩格斯出版了《共产党宣言》。
英国：前拉斐尔派兄弟会成立。

1851 路易-拿破仑政变。
英国：伦敦水晶宫举行万国博览会。
透纳逝世。

1852 拿破仑三世宣布成立法兰西第二帝国。奥斯曼男爵开始重建巴黎。
美国：哈丽叶特·比切·斯托出版了《汤姆叔叔的小屋》。

1853 拿破仑三世迎娶西班牙贵族欧仁妮·德·蒙蒂霍。

1854 克里米亚半岛战争开始了（一直持续到1856年）。
美国：亨利·大卫·梭罗出版了《瓦尔登湖》。

1855 开始在海港附近的一家画框兼版画商店里出售他的讽刺漫画。	**1855** 巴黎举办世界博览会。古斯塔夫·库尔贝组织了自己的个展，并发表《现实主义宣言》。
1856 遇见欧仁·布丹，一位向他介绍外光派画法的风景画艺术家。	
1857 莫奈的母亲去世。	**1857** 夏尔·波德莱尔发表了《恶之花》。 古斯塔夫·福楼拜出版了《包法利夫人》。
1858 一幅风景画《鲁埃莱风景》（图17）在勒阿弗尔的公共展览上展出——这是他第一幅正式展出的油画。	
1859 向勒阿弗尔市镇申请一笔能让他到巴黎学画的奖学金（被拒绝）。不管怎样，还是在巴黎安顿下来。	**1859** 法国与奥地利之间战争爆发。 英国：查尔斯·达尔文出版了《物种起源》。 J.S.密尔出版了《论自由》。 查尔斯·狄更斯出版了《双城记》。
1860 进入斯维斯画院。	**1860** 法国兼并了尼斯和萨沃伊。
1861 在军队服役抽彩中抽到了一个不幸的数字。应征加入骑兵团，前往阿尔及利亚。	**1861** 意大利：维克多·伊曼纽尔成为意大利统一后的国王。 美国:内战爆发(一直持续到1865年)。
1862 患伤寒之后被遣送回法国，他的姑妈花钱把他从军队中赎出来。在勒阿弗尔疗养，同布丹以及戎金一起作画。他们一同练习外光派画法。回到巴黎并加入夏尔·格莱耶的画室，在那儿遇到皮埃尔-奥古斯特·雷诺阿、阿尔弗雷德·西斯莱和弗雷德里克·巴齐耶。	**1862** 法国从摩纳哥那里买下了芒通和罗克布伦。 维克多·雨果出版了《悲惨世界》。 英国：在伦敦举办国际博览会。
	1863 落选者沙龙展上包括爱德华·马奈的《草地上的午餐》（图24）和詹姆斯·麦克尼尔·惠斯勒的《白色交响曲，1号：白衣少女》。 夏尔·波德莱尔出版了《现代生活画家》。 欧仁·德拉克洛瓦去世。
1864 离开格莱耶的画室，并花了几个月时间在诺曼底画画。	**1864** 贸易联盟合法化。 瑞士：红十字会在日内瓦成立。
1865 《翁弗勒尔的塞纳河口》及《退潮时的拉阿芙岬角》（图26）是在官方沙龙展上展出的首批作品。开始创作一幅带有人物的大型户外场景——《草地上的午餐》（图28，图30—31），却从未完成。他的伴侣卡米尔·汤希	**1865** 英国：路易斯·卡罗尔出版了《爱丽丝漫游仙境》。

尔以及朋友巴齐耶和库尔贝为画中人物担任模特。

1866 《卡米尔》或《绿衣女人》（图33）在沙龙展上大受好评。开始画第2幅带人物的户外场景——《花园中的女人》（图35—36）。

1866 普鲁士打败了奥地利，导致欧洲力量平衡发生重大变化。
俄国：陀思妥耶夫斯基出版了《罪与罚》。

1867 《花园中的女人》在沙龙展上落选。身无分文的莫奈前往勒阿弗尔附近的圣阿德雷斯和家人待在一起。怀孕的卡米尔留在巴黎，他们的儿子让于8月8日在此出生。

1867 巴黎万国博览会。库尔贝和马奈在独立展馆中展出作品。宣布政治自由化。波德莱尔去世。
墨西哥：枪决拿破仑三世的傀儡皇帝——马克西米连。
瑞典：阿尔弗雷德·诺贝尔发明了炸药。

1868 《勒阿弗尔港口出发的船只》在沙龙展上展出。

1869 向沙龙展提交的2幅画都落选了。搬到圣米歇尔。画塞纳河畔布吉瓦尔附近的蛙塘，同雷诺阿并肩作画（图56—57）。

1869 欧仁妮皇后开通苏伊士运河。巴黎开了第一家百货商店。
俄国：托尔斯泰以书籍形式出版了《战争与和平》。

1870 《午宴》（图52）和如今已丢失的《蛙塘》均在沙龙展上落选。娶卡米尔为妻。他们在诺曼底度假胜地特鲁维尔度过夏天，莫奈在那里画海滩场景（图60）。他们前往伦敦，在那里，夏尔-弗朗索瓦·杜比尼把莫奈介绍给画商保罗·丢朗-吕厄。

1870 法国向普鲁士宣战。法国在色当战败。法兰西第二帝国垮台。法兰西第三共和国宣布成立。普鲁士军队包围巴黎。巴齐耶在战争中丧生。
美国：纽约大都会艺术博物馆成立。

1871 莫奈的父亲去世。回到法国，途中在荷兰的赞丹度过数月。定居在巴黎西北部塞纳河畔的阿让特伊。

1871 巴黎有条件投降。3月，巴黎公社成立，5月，巴黎民众遭到阿道夫·梯也尔凡尔赛政府的血腥镇压。5月，签署普法和平条约，法国割让阿尔萨斯和洛林。
英国：乔治·艾略特出版了《米德尔马契》。

1872 在画中描绘其周边环境，如《阿让特伊的葡萄园小径》（图70）。

1873 画了若干幅自己家中及花园的形象（图72）。独立展主体以“画家、雕塑家、版画家等匿名艺术家协会”为基础，莫奈为该协会中的领军人物。

1873 普鲁士军队撤离法国领土。右翼麦克马洪元帅替代梯也尔当选总统。拿破仑三世在英国去世。

1874 无名艺术家协会的第一次展览毁誉参半。莫奈的《日出·印象》（图62和图77）被广泛讨论，且参展艺术家们被称为“印象派”。

1876	4月，第2次印象派展览在丢朗-吕厄的画廊中举办，展览包括了莫奈的18幅画作。受厄内斯特和爱丽丝·奥修德的邀请前往他们的蒙日龙城堡，为其住处绘制4幅装饰油画（图84）。	**1876**	斯特芳·马拉美发表《牧神的午后》。 德国：拜罗伊特首次上演理查德·瓦格纳《尼伯龙根的指环》的完整版。 美国：亚历山大·格拉汉姆·贝尔发明了电话。
1877	在巴黎绘制12幅圣拉扎尔车站的画作（图83），使用朋友兼画家古斯塔夫·卡耶博特花钱在附近租来的画室。莫奈30幅作品中的7幅于4月的第3次团体展中展出。厄内斯特·奥修德宣布破产。	**1877**	库尔贝去世。 美国：托马斯·爱迪生发明了留声机。
1878	第2个儿子——米歇尔出生于3月17日。卡米尔病重，且家庭陷入财政问题。他们在维特伊与奥修德一家组建联合式家庭。在文帝米耶大街20号维持着一间巴黎画室（一直到1882年）。	**1878**	杜比尼去世。
1879	卡耶博特整编了莫奈献给举办于4—5月份第4次团体展的29幅作品。卡米尔于9月5日去世，莫奈描绘了她临终时的样子（图92）。描绘维特伊（图93）及其平静的生活（图91）。	**1879**	大选导致共和党多数派当权。儒勒·格雷维取代了麦克马洪的位置。高等法院回到巴黎。7月，格雷维针对视觉艺术提出了新的国家政策纲要，推崇外光派绘画和现代生活题材。 挪威：易卜生出版了《玩偶之家》。
1880	1879—1880年的严冬和春天为他提供了创作主题（图95—96，图99）。没有参加4月的第5次团体展。5月在沙龙展上展出一幅画（图98），这是近10年以来的第一次（也是最后一次），与几位印象派朋友之间产生裂痕。6月在《现代生活》杂志办公室展出作品。	**1880**	新政治自由化开始在法国盛行；宣布对幸存的巴黎公社成员实行特赦。
1881	没有参加第6次团体展。展开了英吉利海峡沿岸的绘画之旅。丢朗-吕厄又开始购买他的作品：一幅油画的平均价格约为300法郎。12月同爱丽丝及8个孩子搬至普瓦西。	**1881**	实行免费初等教育和出版自由。沙龙展的控制权从政府转移到法国艺术家协会手中。 西班牙：巴勃罗·毕加索出生。 美国：亨利·詹姆斯出版了《一位女士的肖像》。
1882	在迪耶普附近的普维尔画画（图105、图107）。在3月举办的第7次团体展出了35幅作品。	**1882**	赛泽大街上的乔治·佩迪画廊举办了第一场世界博览会。
1883	年初在埃特勒塔待了一段时间作画（图109、图111）。3月，丢朗-吕厄在巴黎以个人展的形式展出了他的56幅作品，且接受了一系列门上装饰画的委托（图120）。4月搬到吉维	**1883**	马奈去世。 英国：美国出生的海勒姆·马克西姆申请了机关枪的专利。

尼，在那里租住普雷苏瓦。12月同雷诺阿前往里维埃拉。

1884 前往地中海沿岸的博尔迪盖拉及芒通的绘画之旅（图118）。

1885 在乔治·佩迪的第5次世界博览会中展出作品。秋天前往埃特勒塔（图124）。

1886 春天在埃特勒塔（图123）。4月到访荷兰。没有参加5月的第8次团体展，而是6月在佩迪的画廊参展。秋天到布列塔尼旅行，创作了一系列描绘荒凉海岸线的风景画（图126、图130）。

1886 丢朗-吕厄首次在纽约举办展览。左拉出版了《杰作》，该作品使他的诸多艺术家朋友感到懊恼，因为他们在克劳德·兰迪尔这个缺乏魅力的失败主人公身上看到了自己。

1888 春天到安提贝旅行（图8、图131）。以11900法郎的总价将10幅画卖给提奥·凡·高。

1888 丢朗-吕厄在纽约的画廊开张。
美国：乔治·伊士曼推行柯达相机。

1889 春天在中央高原地区的克勒兹河谷（图112，图132—133）作画。6月在佩迪画廊举办的主要回顾展中展出145幅作品，该展与法国最著名的雕塑家奥古斯特·罗丹合展。开始了为政府买下马奈的《奥林匹亚》的运动。

1889 法国大革命100周年纪念由巴黎举行的世界博览会为标志。埃菲尔铁塔是其最后的标志。右翼政治家布朗热将军夺权失败，逃至布鲁塞尔。法兰西第三共和国变得越发强大而自信。

1890 11月以22000法郎的价格买下了吉维尼的普雷苏瓦。

1890 文森特·凡·高去世。

1891 首批“组画”——《谷堆》（图157）于5月在丢朗-吕厄的画廊展出，大受赞赏。开始创作“白杨树”组画（图18、图163）。厄内斯特·奥修德去世。

1891 约翰·巴托德·戎金去世。乔治·修拉和提奥·凡·高去世。保罗·高更来到塔希提岛。

1892 《白杨树》组画于2月在丢朗-吕厄的画廊展出。开始画鲁昂大教堂。7月与爱丽丝·奥修德结婚。他的女儿苏珊娜嫁给了美国画家西奥多·巴特勒。

1892 左拉出版了《崩溃》，内容是关于其对1871年普法战争的研究。
俄国：柴可夫斯基创作了《胡桃夹子》。

1893 继续在鲁昂画《大教堂》组画。在吉维尼买地建造水花园。

1893 挪威：爱德华·蒙克创作了《呐喊》。

1894 《火鸡》（图84）在评论家西奥多·迪雷的收藏拍卖中以12000法郎的价格售出。

1894 阿尔弗雷德·德雷福斯军官被定为叛国罪，遣送至法属圭亚那的魔鬼岛。
古斯塔夫·卡耶博特去世，将自己的绘画收藏留给了法国政府。

1895 1月去挪威待了3个月，访问他的继子

1895 贝尔特·莫里索去世。卢米埃尔兄弟

雅克·奥修德。待在伯恩卡尔德（图169）画柯尔萨斯山（图167）。大教堂系列组画（图165）及挪威场景于5月在丢朗-吕厄的画廊展出。在吉维尼修建日本桥。

发明了第一台电影摄影机和放映机。
德国：威廉·伦琴发现了X光。
英国：赫伯特·乔治·威尔斯出版了《时间机器》。
奥斯卡·王尔德发表剧作《不可儿戏》。

1896 在诺曼底海岸的普维尔画画，并开始创作《塞纳河的早晨》组画。

1896 威廉·莫里斯去世。

1897 1—4月再次来到普维尔。继续创作《塞纳河的早晨》组画。6月，让·莫奈和布兰奇·奥修德结婚。

1898 《塞纳河的早晨》于6月在乔治·佩迪的画廊展出。

1898 左拉在乔治·克列孟梭主编的报纸——《震旦报》上发表《我控诉》，这篇为德雷福斯辩护的文章推进了第2年的重新审判。欧仁·布丹去世。

1899 开始绘制自己花园中的日本桥和睡莲池（图1）。9月，到伦敦旅行，开始在萨沃伊酒店绘制泰晤士河的风景。苏珊娜·奥修德-巴特勒去世。在院子里建了第2间画室。

1899 德雷福斯被释放。
阿尔弗雷德·西斯莱去世。

1900 2—4月待在伦敦。10月，玛尔特·奥修德嫁给了西奥多·巴特勒。11月，在丢朗-吕厄的画廊举办了第一场关于吉维尼花园系列的展览。

1900 乔治·佩迪去世。巴黎地铁系统开放。
英国：约瑟夫·康拉德发表了《吉姆爷》。
奥地利：西格蒙德·弗洛伊德出版了《梦的解析》。

1901 2—4月，第3次也是最后一次前往伦敦作画；3年过去了，他才认为这些画作足以符合参展要求。扩建水花园。购买汽车。

1901 英国：维多利亚女王去世，莫奈在伦敦观摩了她的葬礼。
鲁德亚德·吉卜林出版了《金姆》。
马可尼首次将无线电信号传至大西洋彼岸。

1903 开始创作第2组吉维尼花园系列作品，这次主要专注于睡莲池。

1903 卡米耶·毕沙罗、高更和惠斯勒相继去世。
美国：莱特兄弟实现了首次动力飞行。

1904 5月，伦敦组画在丢朗-吕厄的画廊中展出（图170）。10月，同爱丽丝到马德里旅行。

1904 确立了英法协约。
俄国：与日本陷入战争。安东·契诃夫出版了《樱桃园》。

1905 德国：桥社表现主义团体在德累斯顿形成。
瑞士：阿尔伯特·爱因斯坦系统阐述了狭义相对论。

		1906	阿尔弗雷德·德雷福斯最终恢复了名誉。克列孟梭成为总理（直至1909年）。保罗·塞尚去世。
1908	9—10月，和爱丽丝到访威尼斯，在那里绘制宫殿与运河（图190）。		
1909	5月，关于吉维尼睡莲系列（图179、图183）的展览在丢朗-吕厄的画廊开幕。	1909	路易·布莱里奥飞跃英吉利海峡。 意大利：马里内蒂发表了《未来主义宣言》。
1910	第2次扩建水花园。	1910	英国：罗杰·弗莱在伦敦组织了后印象派展览。
1911	5月，爱丽丝去世。他于秋天重新开始作画。	1911	德国：蓝骑士画派形成于慕尼黑。
1912	威尼斯系列画作在巴黎的贝尔南-热纳画廊展出。被诊断出患有白内障。	1912	马塞尔·杜尚创作《下楼梯的裸女》。 “泰坦尼克”号在北大西洋沉船。
1913	到瑞士旅行。	1913	马塞尔·普鲁斯特发表《在斯万家这边》，《追忆似水年华》的第一部分。 美国：纽约军械库大展。
1914	长子让去世，他的遗孀布兰奇搬进了莫奈的家。	1914	第一次世界大战爆发。德国人入侵比利时和法国北部。马恩河之战。 英国：旋涡画派在伦敦形成。
1915	开始在花园里建造一间全新的大型画室，以创作其最后的巨型睡莲组画——大型装饰画。	1915	命运多舛的同盟国在加里波里半岛靠岸。
		1916	凡尔登之战导致了双方的巨大损失。索姆河之战。首次使用坦克。齐柏林飞艇首次突袭巴黎。
		1917	克列孟梭成为总理（直至1920年）。德加和罗丹分别去世。 美国加入战争。 荷兰：彼埃·蒙德里安和特奥·范·杜斯伯格成立了风格派。
1918	为庆祝休战，向法国民众展现了他的8幅画作。在接下来的几年里，画作的数量有所增长，设计方案也变得日益复杂。	1918	11月，德国与同盟国之间签署了停战协议。战争期间，约有850万人丧生，2100万人受伤。
		1919	在凡尔赛举行和平会议。雷诺阿去世。 德国：沃尔特·格罗皮乌斯在魏玛建立了包豪斯艺术与设计学院。
1922	正式同意向全法国展现睡莲组画，将安置在巴黎橘园美术馆特别修建的房间内。	1922	保罗·丢朗-吕厄去世。 詹姆斯·乔伊斯的《尤利西斯》在巴黎出版。 意大利：本尼托·墨索里尼掌权。 英国：T. S.艾略特出版了《荒原》。 埃及：图坦卡蒙法老之墓被发掘。

1923 白内障手术部分成功。

1923 德国：阿道夫·希特勒在慕尼黑发起的暴动以失败告终。

1925 继续绘制大型装饰画（图196—198）。

1925 在巴黎举办艺术装饰和现代工业世界博览会。巴黎还首次举办了超现实主义团体的展览。
德国：弗兰茨·卡夫卡的《审判》出版。
英国：约翰·辛格·萨金特去世。
俄国：谢尔盖·爱森斯坦拍摄电影《战舰波将金号》。
美国：弗·斯科特·菲茨杰拉德出版了《了不起的盖茨比》。

1926 于12月5日去世，享年86岁，葬于吉维尼。

1926 玛丽·卡萨特去世。
英国：约翰·洛吉·贝尔德做了世界上第一场电视直播。伊丽莎白公主诞生，她就是未来的女王——伊丽莎白二世。

1927 大型装饰画于5月17日对公众开放。

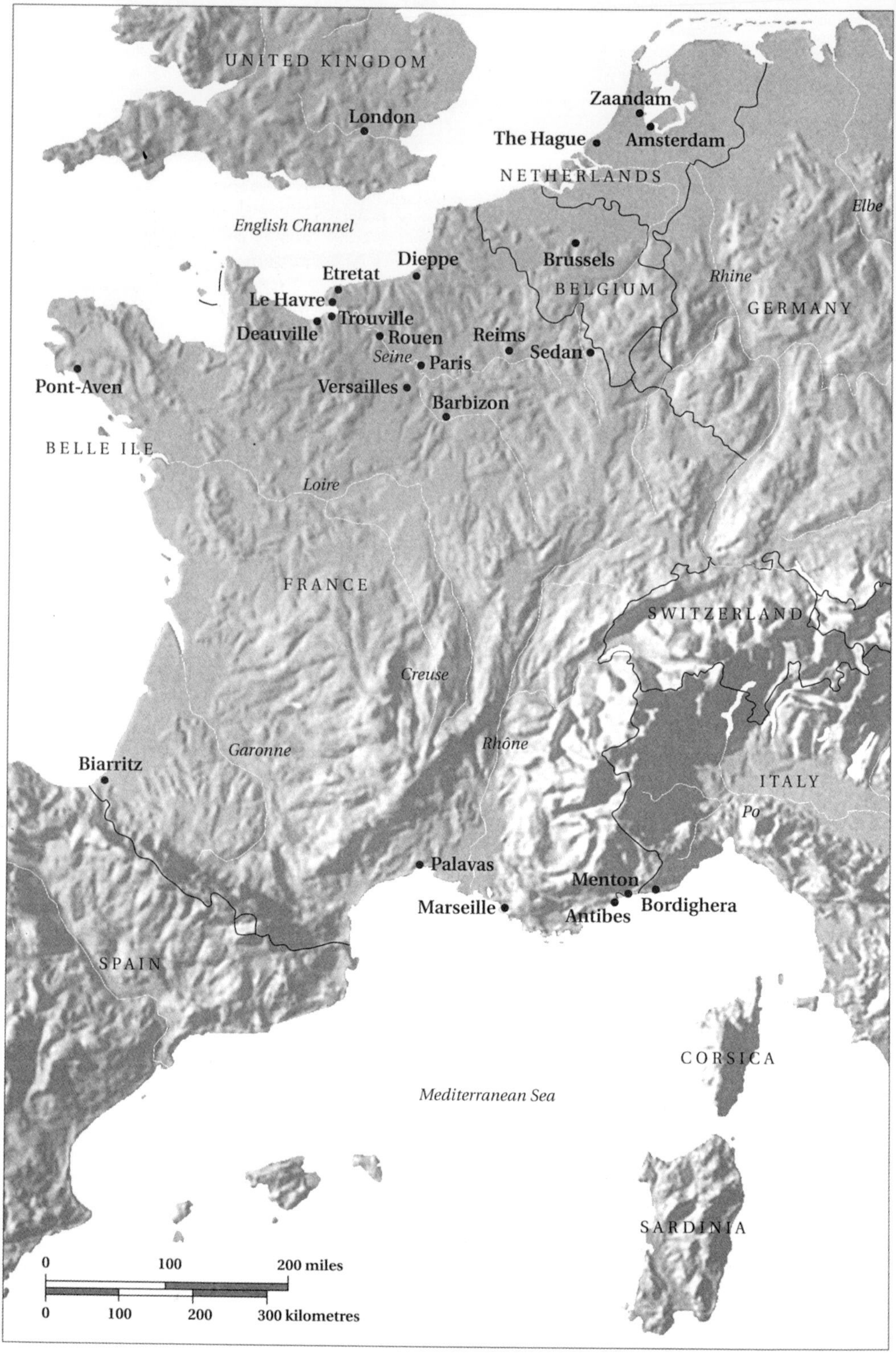
UNITED KINGDOM
London
Zaandam
The Hague
Amsterdam
NETHERLANDS
Elbe
English Channel
Dieppe
Brussels
Etretat
Rhine
BELGIUM
Le Havre
Trouville
GERMANY
Deauville
Rouen
Reims
Sedan
Seine
Paris
Pont-Aven
Versailles
Barbizon
BELLE ILE
Loire
FRANCE
SWITZERLAND
Creuse
Rhône
Garonne
Biarritz
ITALY
Po
Palavas
Menton
Marseille
Antibes
Bordighera
SPAIN
CORSICA
Mediterranean Sea
SARDINIA
0
100
200 miles
0
100
200
300 kilometres

拓展阅读

研究莫奈的著作

Hélène Adhémar *et al.*, *Hommage à Claude Monet* (exh. cat., Grand Palais, Paris, 1980)

Geneviève Aitken and Marianne Delafond, *La Collection d'estampes japonaises de Claude Monet à Giverny* (Paris, 1983)

Jacques-Émile Blanche, *Propos de Peintre* (Paris, 1928)

Claude Monet au temps de Giverny (exh. cat., Centre Culturel du Marais, Paris, 1983)

Claude Monet, Nymphéas (exh. cat., Kunstmuseum, Basel, 1986)

Georges Clemenceau, *Claude Monet. Les Nymphéas* (Paris, 1928)

Denise Delouche, *Monet à Belle-Ile* (Rennes,1991)

Théodore Duret, *Le peintre Claude Monet* (preface to catalogue of the exhibition at *La Vie Moderne,* Paris, 1880)

Jean-Baptiste Durosell *et al.*, *Georges Clemenceau à son ami Claude Monet. Correspondence* (Paris, 1993)

Gustave Geffroy, *Claude Monet: sa vie, son temps, son oeuvre,* 2 vols (Paris, 1924)

René Gimpel, 'At Giverny with Claude Monet', *Art in America,* 15:4 (June 1927), pp.168–74

Robert Gordon and Andrew Forge, *Monet* (New York, 1983)

Robert Gordon and Charles F Stuckey, 'Blossoms and Blunders: Monet and the State', *Art in America,* 67:1 (January-February 1979), pp.102–17

Clement Greenberg, 'The Later Monet', *Art News Annual,* 1957 (repr. in *Collected Essays and Criticism,* Chicago, 1986)

Steven Gwynn, *Claude Monet and his Garden* (London, 1934)

Robert L Herbert, 'Method and Meaning in Monet', *Art in America,* 67:5 (September 1979), pp.90–108

—, *Monet on the Normandy Coast: Tourism and Painting, 1867–1886* (New Haven and London, 1994)

Jean-Pierre Hoschedé, *Claude Monet, ce mal connu* (Geneva, 1960)

John House, *Claude Monet, Painter of Light* (exh. cat., City Art Gallery, Auckland, New Zealand, 1985)

—, *Monet: Nature into Art* (New Haven and London, 1986)

—, 'Time's Cycles: Monet and the Solo Show', *Art in America,* 80:10 (October 1992)

Joel Isaacson, 'Monet's Views of Paris', *Allen Memorial Art Museum Bulletin,* 24 (Fall 1966), pp.5–22

—, *Monet: Le Déjeuner sur l'herbe* (London,1972)

—, *Claude Monet: Observation and Reflection* (Oxford, 1978)

Claire Joyes, 'Giverny's Meeting House, The Hôtel Baudy', in *Americans in Brittany and Normandy 1860–1910* (exh. cat., Phoenix Art Museum, 1982)

—, *Claude Monet: Life at Giverny* (London, 1985)

Richard Kendall (ed.), *Monet By Himself* (London, 1989)

Steven Z Levine, 'Monet's Pairs', *Arts Magazine,*49 (June 1975), pp.72–5

—, *Monet and his Critics* (New York, 1976)

—, 'Décor, Decorative, Decoration in Claude Monet's Art', *Arts Magazine,* 51 (February 1977), pp.136–9

—, *Monet, Narcissus, and Self-reflection: The Modernist Myth of the Self* (Chicago, 1994)

Roger Marx, 'Les"Nymphéas" de M Claude Monet', *Gazette des Beaux-Arts,* 4:1 (June 1909), pp.523–31 (trans. in Stuckey, 1985)

Monet in Holland (exh. cat., Rijksmuseum Vincent van Gogh, Amsterdam, 1986)

Monet in Norway (exh. cat., Rogaland Kunstmuseum, Stavanger, 1995)

Charles Merril Mount, 'New Materials on Claude Monet: The Discovery of a Heroine', *Art Quarterly* (Winter 1962)

Lynn Orr *et al.*, *Monet: Late Paintings of Giverny from the Musée Marmottan* (New York, 1995)

Joachim Pissarro, *Monet's Cathedral: Rouen 1892–1894* (New York and London, 1990)

—, *Monet and the Mediterranean* (New York, 1997)

James Ravin, 'Monet's Cataracts', *Journal of the American Medical Association,* 254:3 (July 1985), pp.394–9

John Rewald and Frances Weitzenhoffer (eds), *Aspects of Monet: A Symposium on the Artist's Life and Times* (New York, 1984)

Claude Roger-Marx, *Claude Monet* (Lausanne, 1949)

Vivian Russell, *Monet's Garden: Through the Seasons at Giverny* (London, 1996)

Grace Seiberling, *Monet in London* (exh. cat., High Museum of Art, Atlanta, 1988–9)

William C Seitz, *Claude Monet* (New York, 1960)

Douglas Skeggs, *River of Light: Monet's Impressions of the Seine* (London, 1987)

Virginia Spate, *The Colour of Time: Claude Monet* (London, 1992) pub. in USA as *Claude Monet: Life and Work* (New York, 1992)

Charles F Stuckey (ed.), *Monet: A Retrospective* (New York, 1985)

—, *Monet: Water Lilies* (New York, 1988)

—, *Claude Monet, 1840–1926* (exh. cat., Art Institute of Chicago, 1995)

Émile Taboureux, 'Claude Monet', *La Vie Moderne,* 12 June 1880, pp.380–2 (trans. in Stuckey, 1985)

François Thiébault-Sisson, 'Art et curiosité. Un don de M Claude Monet à l'Etat', *Le Temps,* 14 October 1920 (trans. in Stuckey, 1985)

—,'Un nouveau musée parisien. Les Nymphéas de Claude Monet à l'Orangerie des Tuileries', *La Revue de l'art ancien et moderne,* 52 (July 1927), pp.40–52 (trans. in Stuckey, 1985)

Paul Hayes Tucker, *Monet at Argenteuil* (New Haven and London, 1982)

—, *Monet in the 90s, The Series Paintings* (exh. cat., Royal Academy of Arts, London, 1990)

—, *Claude Monet: Life and Art* (New Haven and London, 1995)

— *et al., Monet: A Retrospective* (exh. cat., The Bridgestone Museum, Tokyo, 1994)

Louis Vauxelles, 'Un après-midi chez Claude Monet', *L'Art et les artistes,* 7 December 1905, pp.85–90

Daniel Wildenstein, *Claude Monet: biographie et catalogue raisonné,* 5 vols (Lausanne and Paris, 1974–91; 2nd revised edn, *Monet, or the Triumph of Impressionism,* 4 vols, Cologne, 1996)

历史艺术背景概览

Steven Adams, *The Barbizon School and the Origins of Impressionism* (London, 1994)

Charles Baudelaire, *The Painter of Modern Life and Other Essays* (London, 1964, 2nd edn, 1995)

Albert Boime, *The Academy and French Painting in the Nineteenth Century* (London, 1971)

David Bomford *et al., Art in the Making: Impressionism* (exh. cat., National Gallery, London, 1990)

Richard and Caroline Brettell, *Painters and Peasants in the Nineteenth Century* (Geneva, 1983)

Richard R Brettell *et al., A Day in the Country: Impressionism and the French Landscape* (exh. cat., Los Angeles County Museum of Art, 1984)

Jules Castagnary, *Salons* (1857–1879) (Paris, 1892)

T J Clark, *The Painting of Modern Life: Paris in the Art of Manet and his Followers* (New York and London, 1985)

Anne Distel, *Impressionism: The First Collectors* (New York, 1990)

Georges Duby, *L'Histoire de Paris par la peinture* (Paris, 1988)

Théodore Duret, *Les Peintres impressionnistes* (Paris, 1878, repr. as *Critique d'avant-garde,* Paris, 1885)

Derek Fell, *The Impressionist Garden* (London, 1994)

Frédéric Bazille et ses amis impressionnistes (exh. cat., Musée Fabre, Montpellier, 1992)

Francis Frascina *et al., Modernity and Modernism: French Painting in the Nineteenth Century* (New Haven and London, 1993)

Nicholas Green, 'Dealing in Temperaments: Economic Transformation of the Artistic Field in France during the Second Half of the Nineteenth Century', *Art History,* 10:1 (March 1987), pp.59–78

—, *The Spectacle of Nature: Landscape and Bourgeois Culture in Nineteenth-Century France* (Manchester and New York, 1990)

Robert L Herbert, *Impressionism: Art, Leisure, and Parisian Society* (New Haven and London, 1988)

Alastair Horne, *The Fall of Paris* (London, 1965, 2nd edn, 1989)

John House *et al., Landscapes of France: Impressionism and its Rivals* (exh. cat., Hayward Gallery, London, 1995)

The Impressionists and the Salon (exh. cat., Los Angeles County Museum of Art, 1974)

Robert Jensen, *Marketing Modernism in Fin-de-Siècle Europe* (Princeton, 1994)

Alan Krell, *Manet and the Painters of Contemporary Life* (London and New York, 1996)

Katherine S Macquoid, *Through Normandy* (London, 1874)

Roger Magraw, *France 1815–1914: The Bourgeois Century* (Oxford, 1986)

Patricia Mainardi, *Art and Politics of the Second Empire: The Universal Expositions of 1855 and 1867* (New Haven and London, 1987)

—, *The End of the Salon: Art and the State in the Early Third Republic* (Cambridge, 1993)

Stéphane Mallarmé, 'The Impressionists and Édouard Manet', *Art Monthly Review,* 1 (30 September 1876), repr. in Moffett, 1986

Michael Marrinan, *Painting Politics for Louis-Philippe: Art and Ideology in Orleanist France 1830–48* (New Haven and London, 1988)

Charles S Moffett *et al., The New Painting: Impressionism 1874–1886* (exh. cat., The Fine Arts Museums of San Francisco, 1986)

Pierre Nora (ed.), *Les Lieux de la mémoire* (Paris, 1992)

D H Pinkney, *Napoleon III and the Rebuilding of Paris* (Princeton, 1972)

John Rewald, *The History of Impressionism* (4th revised edn, London and New York, 1973)

Jane Mayo Roos, *Early Impressionism and the French State* (Cambridge and New York, 1996)

Mark Roskill, 'Early Impressionism and the Fashion Print', *Burlington Magazine,* 112:807 (June 1970), pp.391–5

Robert Rosenblum, *Modern Painting and the Northern Romantic Tradition: Friedrich to Rothko* (London, 1978)

The Second Empire: Art in France under Napoleon III (exh. cat., Philadelphia Museum of Art, 1978)

Kenneth Silver, *Esprit de Corps: Art of the Parisian Avant-Garde and the First World War, 1914–25* (London, 1989)

Debora L Silverman, *Art Nouveau in Fin-de-Siècle France: Politics, Psychology, and Style* (Berkeley, 1989)

Paul Smith, *Impressionism* (London, 1995)

Gary Tinterow and Henri Loyrette, *The Origins of Impressionism* (exh. cat., Metropolitan Museum of Art, New York, 1994)

Martha Ward, 'Impressionist Installations and Private Exhibitions', *Art Bulletin,* 73:4 (December 1991), 599–622

Eugen Weber, *Peasants into Frenchmen: The Modernisation of Rural France, 1870–1914* (London, 1977)

Harrison and Cynthia White, *Canvases and Careers: Institutional Change in the French Painting World* (New York, 1965)

Theodore Zeldin, *France 1848–1945: Intellect and Pride* (Oxford, 1980)

Émile Zola, *Mon Salon, Manet, Ecrits sur l'art* (Paris, 1970)

致谢

和大部分研究莫奈的作者一样，我非常感谢 Daniel Widenstein，她的权威和编目排布自 1974 年及 1991 年出版以来已成为关于艺术家的权威信息来源。在这本专为不熟悉该主题的读者量身定做的书中，我也利用了关于艺术家的一些激动人心的最新研究；我要特别感谢 John House、Paul Tucker、Robert Herbert、Virginia Spate 以及 Debora Silverman 所做的工作，他们的书以及展览编目在加深我们对莫奈这个人及其时代和艺术的理解上做出了很大贡献。我要感谢所有读过并探讨过该书手稿的人，且在他们之中，我要格外感谢那位使之顺利成书的人——Phaidon Press 的 Julia MacKenzie。谨以此书献给我的孩子们——若没有他们，我可能会提早完成它，同时也献给我其余的家人——若没有他们，我将永远无法完成它。

——卡拉 · 拉赫曼

图片版权

AA Photo Library, London: 149, 178; AKG London: 63, 92, 113, 124, 128, 30, 172, 188, 189, 202; Allen Memorial Art Museum, Oberlin College, Ohio: R T Miller Jr Fund (1948) 45; Alinari, Florence: 191; Artephot, Paris: photo Toulgouat 152; Art Institute of Chicago: Helen Birch Bartlett Memorial Collection (1926) 125, Mr and Mrs Lewis Larned Coburn Memorial Collection (1933) 107, gift of Mr and Mrs Carter H Harrison (1933) 6, Mr and Mrs Potter Palmer Collection 51, 133, 157, Mr and Mrs Martin A Ryerson Collection 72; Artothek, Peissenberg: 78; Ashmolean Museum, Oxford: 114; Bibliothèque Forney, Paris: 39; Bridgeman Art Library, London: 3, 83, 168, 177; British Museum, London: 49; Fundação Calouste Gulbenkian, Lisbon: 129; Jean-Loup Charmet, Paris: 38; Christies Images, London: 181; courtesy of Christo and Jeanne-Claude, New York: photo Wolfgang Volz: 206; Country Life Picture Library, London: 135; Courtauld Institute Galleries, University of London: 8; Dallas Museum of Art: 180, Munger Fund 98, the Wendy and Emery Reves Collection, photo Tom Jenkins 67; Archives Durand-Ruel, Paris: 120, 185, 194; Mary Evans Picture Library, London: 175; courtesy of Dr S H Floersheimer, Switzerland: 97, 190; Galerie Nichido, Tokyo: 89; Galerie Schmit, Paris: 21; Getty Images, London: 75; J Paul Getty Museum, Malibu: 15, 53; courtesy of Thomas Gibson Fine Art Ltd, London: 70; Photographie Giraudon, Paris: 11, 12, 13, 19, 32, 77, 93, 122, 143, 145, 167, 169, 173, 179, 201, 203, 205; Hamburger Kunsthalle: photo Elke Walford 92; Hill-Stead Museum, Farmington, Connecticut: 158; The Illustrated London News Picture Library, London: 65, 68; courtesy of the Earl of Jersey: photo Robin Briault 66; Kharbine-Tapabor, Paris: 23, 34, 55, 69, 155; Kimbell Art Museum, Fort Worth: photo Michael Bodycomb 26; Kunsthalle, Bremen: 33; Kunsthaus, Zurich: 159; Manchester City Art Galleries: 9; courtesy of Matsuzakaya Department Store, Tokyo and the Maranuma Art Park, Japan: 17; Jason McCoy Inc, New York: 204; Metropolitan Museum of Art, New York: purchased with special contributions and purchase funds given or bequeathed by the friends of the Museum (1967) 50, bequest of Julia W Emmons (1956) 100, bequest of Mrs H O Havemeyer (1929) the H O Havemeyer Collection 56, 163, Mr and Mrs Henry Ittleson Jr Fund (1959) photo Malcolm Varon 81, bequest of William Church Osborn (1951) 111, bequest of Lillian S Timken (1959) 161, the Elisha Whittelsey Collection, the Elisha Whittelsey Fund (1947) 182; Minneapolis Institute of Arts: given by Anne Pierce Rogers in memory of John DeCoster 91; Mountain High Maps © 1995 Digital Wisdom Inc: p.344; Musée d'Angers: 94; Musée d'art et d'histoire, Neuchâtel, Switzerland: 79; Musée des Beaux-Arts de Lyon: photo Studio Basset 109; Musée des Beaux Arts de Quimper: 127; Musée des Beaux Arts de Rouen: photo Didier Tragin, Catherine Lancien 104; Musée Eugène Boudin, Honfleur, 16; Musée Fabre, Montpellier: 29; Musée d'Unterlinden, Colmar: photo O Zimmermann 132; Museum of Art, Rhode Island School of Design: gift of Mrs Murray Sanforth, photo Del Bogart 64; Museum of Fine Arts, Boston: 1951 Purchase Fund 82, Juliana Cheney Edwards Collection 118, bequest of Arthur Tracy Cabot 131; Nasjonalgalleriet, Oslo: photo J Lathion 46, 123; National Gallery, London: 1, 60, courtesy of David Bomford 61; National Gallery of Art, Washington, DC: Ailsa Mellon Bruce Collection 102, Chester Dale Collection 103, collection of Mr and Mrs Paul Mellon 48, 142, gift of Benjamin B Smith, photo Bob Grove 207; Philadelphia Museum of Art: the John G Johnson Collection 80, bequest of Mrs Frank Graham Thomson 105, Mr and Mrs Carroll S Tyson Collection 116, the William L Elkins Collection 147; Photothèque des Musées de la Ville de Paris: 44; Phoenix Art Museum: gift of Mr and Mrs Donald D Harrington 150; Collection Philippe Piguet, Paris: 85, 134, 136, 137, 140, 182, 192, 199; photo by Presentation Colour, London, with thanks to the National Gallery, London for the loan of merchandise: 208, 209; Punch Cartoon Library, London: 171; RMN, Paris: 2, 5, 7, 14, 22, 24, 27, 30, 31, 36, 37, 59, 84, 88, 95, 96, 110, 117, 126, 160, 165, 170, 183, 184, 196, 197, 198; Roger-Viollet, Paris: 4, 25, 40, 42, 58, 90, 108, 166, 195; Scala, Florence: 28, 76; Shelburne Museum, Vermont: photo Ken Burris 99; Smith College Museum of Art, Northampton, Massachusetts: gift of the Honorable and Mrs Irwin Untermyer in honour of their daughter Joan L Untermyer (1940), photo Stephen Petegorsky 141; Harry Smith Horticultural Photographic Collection, Wickford: 176; Staatsgalerie, Stuttgart: 47, 144; Stadelsches Kunstinstitut, Frankfurt: 52; Statens Konstmuseer, Stockholm: 57; Tate Gallery, London: 18; J M Toulgouat, Giverny: 20, 86, 193; courtesy of the Trustees of the Victoria & Albert Museum, London: 164; Wadsworth Atheneum, Hartford, Connecticut: bequest of Anne Parrish Titzell 71; courtesy of Yoshino Gypsum Co Ltd, Tokyo and Yamagata Museum of Art, Japan: 146

图书在版编目（CIP）数据

莫奈 /（英）卡拉·拉赫曼著 ；谭斯萌译. — 北京 ：北京美术摄影出版社，2020.1

（艺术与观念）

书名原文：Monet (Art and Ideas Series)

ISBN 978-7-5592-0191-1

Ⅰ. ①莫… Ⅱ. ①卡… ②谭… Ⅲ. ①莫奈(Monet, Claude 1840-1926)—人物研究 Ⅳ. ①K835.655.72

中国版本图书馆CIP数据核字(2018)第213728号

北京市版权局著作权合同登记号：01-2016-2641

责任编辑：耿苏萌
助理编辑：于浩洋
责任印制：彭军芳

艺术与观念

莫奈

MONAI

［英］卡拉·拉赫曼 著

谭斯萌 译

出　版　北京出版集团公司
　　　　北京美术摄影出版社
地　址　北京北三环中路 6 号
邮　编　100120
网　址　www.bph.com.cn
总发行　北京出版集团公司
发　行　京版北美（北京）文化艺术传媒有限公司
经　销　新华书店
印　刷　广东省博罗县园洲勤达印务有限公司
版印次　2020 年 1 月第 1 版第 1 次印刷
开　本　700 毫米 × 1000 毫米　1/32
印　张　11
字　数　300 千字
书　号　ISBN 978-7-5592-0191-1
审图号　GS（2018）1711 号
定　价　98.00 元

如有印装质量问题，由本社负责调换
质量监督电话　010-58572393